JN093175

HOLY'S 保里尚美

一生ものアラン

文化出版局

「一生ものアラン」は、普遍性のあるデザインで、
着る人が年を重ねても、
何十年先も着続けることのできるセーターであってほしい。
そういう思いで作りました。

手のかかる模様も丁寧に、工程を味わいながら、編み進められること。
着丈や袖丈など、着る人によって、
編み手のかたが模様の回数やゴム編みの長さを調節し、
アレンジできるよう考えました。

「着る人に寄り添う」セーターであること。
その人がその人らしく素敵に見えることが、
私にとってセーターを作る上で、いちばん大切なことなのです。

サイズ展開は、模様と模様に挟まれる
繰り返しのロープ模様の幅で調節されます。
身頃の真ん中にあるバスケット模様の幅を広げることで、
大きなサイズにも対応でき、衿ぐりの幅も広げられ、
どのサイズのセーターにも、隅々まで模様が行き渡ります。

今まで作り続けてきた私のアラン。
私の中だけにあった編み方を、この本を作るために。
まず最初のセーターを編み、展開を記すための編み図の線を引き、
記号をひとつずつ書き込んでいく。
この鉛筆の先に続く1目1目の記号が、
私から作り手となる読者のみなさんへのお手紙になるんだと、
そう思いながら書いていました。

HOLY'S 保里尚美

CONTENTS

VEST, size3 HOW TO MAKE p.84

VEST, size3 HOW TO MAKE p.84

SWEATER, size1 HOW TO MAKE p.49 / SWEATER, size4 HOW TO MAKE p.49

SWEATER, size1 HOW TO MAKE p.49

SWEATER, size2 HOW TO MAKE p.49

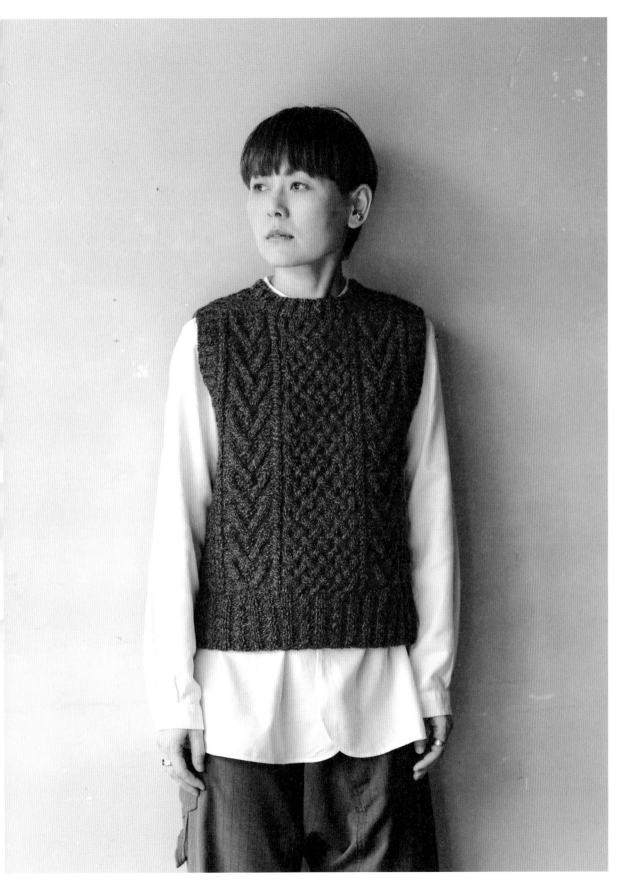

VEST, size1 HOW TO MAKE p.84

SWEATER, size3 HOW TO MAKE p.49

SWEATER, size3 HOW TO MAKE p.49

VEST, size4 HOW TO MAKE p.84

CARDIGAN, size2 HOW TO MAKE p.63

CARDIGAN, size3 HOW TO MAKE p.63

SWEATER, size4 HOW TO MAKE p.49

SWEATER, size5 HOW TO MAKE p.49

Size guide
サイズガイド

この本に掲載した作品は1〜5サイズで表示しています。
出来上りサイズを目安にサイズを選んでください。
お手持ちのセーターなどと比較するとわかりやすいです。

セーター

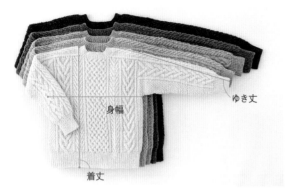

身幅　着丈　ゆき丈

カーディガン

ゆき丈　身幅　着丈

ベスト

背肩幅　身幅　着丈

◎ サイズのはかり方

身　幅 … 脇の下の左右の幅（胸囲は身幅×2）
着　丈 … 肩のいちばん高いところから裾までの長さ
ゆき丈 … 後ろ中央から肩を通って袖口までの長さ
背肩幅 … 両肩の端から端までの長さ

◎ 出来上りサイズ　　　　　　単位はcm

セーター	身幅	着丈	ゆき丈
1	49	58.5	66.5
2	50.5	63	66.5
3	52	67.5	73
4	54	72.5	74
5	58	72.5	78.5

カーディガン	身幅	着丈	ゆき丈
1	50	59	66
2	51.5	63.5	66.5
3	53	68	72.5
4	56	73	73.5
5	60	73	78

ベスト	身幅	着丈	背肩幅
1	46.5	58	36.5
2	48	62.5	36.5
3	50	67.5	38.5
4	53.5	67.5	41.5
5	56	72	41.5

セーター

1

2

3

4

5

◎ 身長別の着用例　セーターの場合　　　　　　　　　カーディガンとベストは、出来上りサイズを参考にしてください。

身長154cm	身長160cm	身長166cm	身長170cm	身長178cm	身長185cm

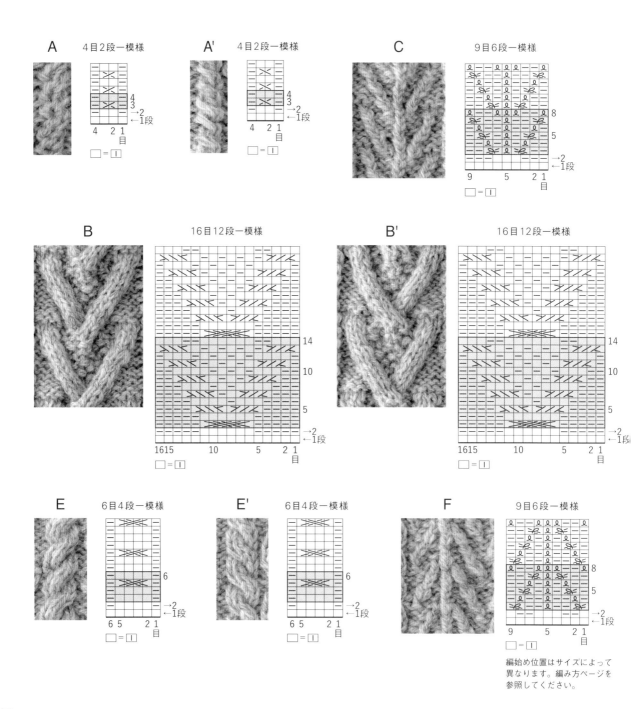

Aran sweater patterns

アラン模様と記号図

この本に使用したアラン模様と記号図を紹介します。
模様の配置、段数はサイズによって違います。p.46、47の
記号図の見方、編み方ページの製図と併せてごらんください。

※このページの記号図は、往復編みの編み方向を表記しています。
奇数段は表側を見て記号図どおりに編み、偶数段は裏側を見て記号
と逆（表目は裏目）に編みます。輪編みの編み方向は、すべて編み地
の表側を見て、右から左（←）に記号図どおりに編みます。

A　4目2段一模様

A'　4目2段一模様

C　9目6段一模様

B　16目12段一模様

B'　16目12段一模様

E　6目4段一模様

E'　6目4段一模様

F　9目6段一模様

編始め位置はサイズによって
異なります。編み方ページを
参照してください。

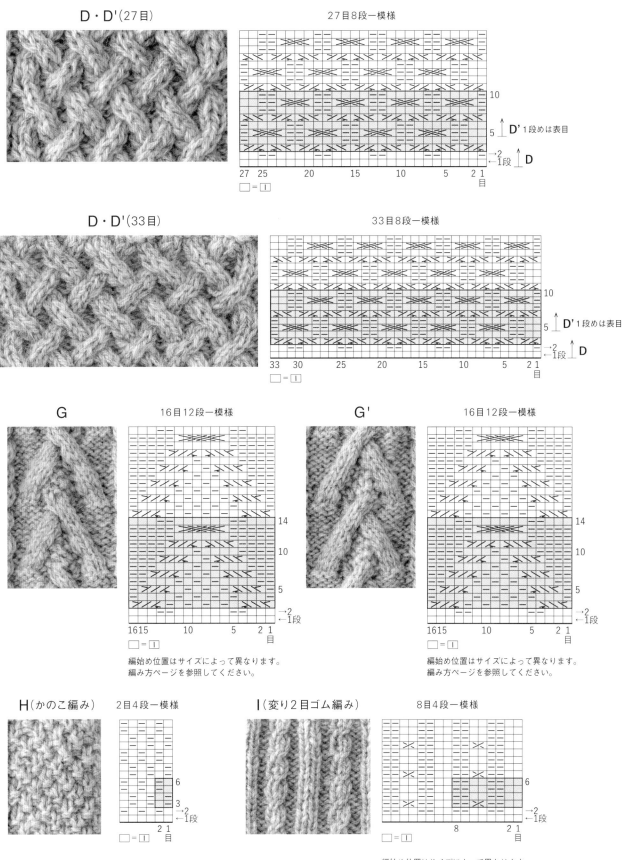

D・D' (27目)　　　　　　　27目8段一模様

10

5　↑ D' 1段めは表目

→2
←1段　↑ **D**

27　25　　　20　　　15　　　10　　　5　2 1
　　　　　　　　　　　　　　　　　　　　　目

□ = □

D・D' (33目)　　　　　　　33目8段一模様

10

5　**D'** 1段めは表目

→2
←1段　↑ **D**

33　30　　25　　20　　15　　10　　5　2 1
　　　　　　　　　　　　　　　　　　　　目

□ = □

G　　　　16目12段一模様　　　　　　**G'**　　　16目12段一模様

14　　　　　　　　　　　　　　　　　　　　　　　　14

10　　　　　　　　　　　　　　　　　　　　　　　　10

5　　　　　　　　　　　　　　　　　　　　　　　　5

→2　　　　　　　　　　　　　　　　　　　　　→2
←1段　　　　　　　　　　　　　　　　　　　　←1段

1615　　10　　　5　　2 1　　　　　　1615　　10　　　5　　2 1
　　　　　　　　　　　　目　　　　　　　　　　　　　　　　　目

□ = □　　　　　　　　　　　　　　　□ = □

編始め位置はサイズによって異なります。　　編始め位置はサイズによって異なります。
編み方ページを参照してください。　　　　　編み方ページを参照してください。

H (かのこ編み)　　2目4段一模様　　　**I** (変り2目ゴム編み)　　8目4段一模様

6　　　　　　　　　　　　　　　　　　　　　　　6

3　　　　　　　　　　　　　　　　　　　　　→2
→2　　　　　　　　　　　　　　　　　　　　←1段
←1段

2 1　　　　　　　　　　　　　　8　　　2 1
　目　　　　　　　　　　　　　　　　　　　目

□ = □　　　　　　　　　　　　　　　□ = □

編始め位置はサイズによって異なります。
編み方ページを参照してください。

How to make

編み始める前に

◎ この本で使用している糸

この本に掲載した作品はすべてシェットランド スピンドリフト(Jamieson's Shetland Spindrift)を使用しています。

太さ…中細　品質…ウール(ピュアシェットランドウール)100%

仕立て…25g玉巻き(約105m)

毛糸に関するお問合せはp.96をごらんください。

◎ ゲージについて

作品はすべてシェットランド スピンドリフトを2本どり(2本引きそろえ)で使用しています。編み始める前にゲージをとりましょう。

作品と同じ糸、同じ針で身頃中央の模様編みDと両サイドのAもしくはEを約15cm編み、目を整えてからDの幅をはかり、段数を数えます。

ゲージより目数、段数が多い場合は針を1〜2号太く、少ない場合は針を1〜2号細くして、指定のゲージに近づけます。

◎ パターン

セーターは前も後ろも着られるように前後差をつけていません。カーディガンとベストは前後差をつけています。セーターに前後差をつけたい場合は、ベストのパターンを参考に、後ろ身頃の衿ぐり部分に4〜6段の前後差をつけて、衿ぐりの拾い方もベストを参考にしてください。

掲載した作品はすべて、脇のとじ、肩はぎ、袖つけが必要ありません。胴回りは前後を続けて編み、肩は前後から拾いながら編みつなぎ、袖は肩から続けて輪に編みます。裾から編み上げているため、着丈と袖丈の調整は、編んでいる途中で行なってください。

◎ サイズ調整

・着丈を増減する場合は、脇丈4.5cm(12段)単位で調節します。微調整は裾のゴム編みの段数で調節してください。

・袖丈を増減する場合は、4.5cm(12段)単位で調節します。長くしたい場合はワンサイズ上、短くしたい場合はワンサイズ下の袖の製図を参考にしてください。微調整は袖口のゴム編みの段数で調節してください。

・カーディガンの裾、袖口のゴム編み部分は、長めのデザインになっています。裾の長さを変えたい場合は、4段単位で増減します。袖口のゴム編み部分を短くしたい場合は、同じサイズのセーターの製図を参考にしてください。

◎ パターンと編み方向

セーター

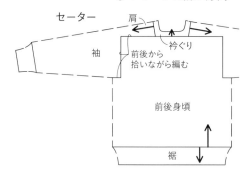

カーディガン

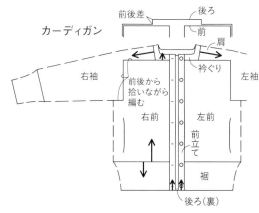

ベスト

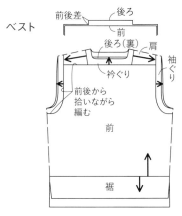

◎ 糸のつぎ方

シェットランド スピンドリフトは、からみやすい糸のため、糸端を割ってねじれば糸と糸をつなぐことができます。つなぎ目が目立たず、糸端の処理も必要ありません。

1　糸端5cmくらいを反対側にねじって割ります。

2　2本の糸端を同様に割ります。

3　糸端どうしをからめます。

4　指先に少量の水をつけて、からめた部分によりをかけます。

強く引っ張るとほどけることがあります。

セーター[サイズ2]を編んでみましょう

ここでは作品作りのポイントとなる
テクニックを写真で解説します。
カーディガン、ベストを編むときも参考にしてください。
用意するもの・編み方図は p.49〜
編み物用具　すべてクロバー

Step1 別鎖の作り目をする

※別鎖の作り目は、編み出し糸（特太）を使用しています

1　6/0号かぎ針で鎖編みをゆるく編みます。必要目数より2〜3目多く作ります。

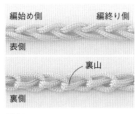

編始め側　編終り側
表側

裏山
裏側

鎖編み

2　鎖の編終り側の裏山に6号60cm輪針を入れます。

3　糸を2本どりにし、針に糸をかけて引き出します。

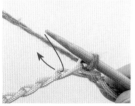

4　1目編みました。左隣の裏山に、同様に針を入れて糸を引き出します。

5　編み目がきつくならないように注意し、必要目数を編みます。これが1段めになります。

Step2 前後身頃を輪に編む

模様編みA〜DとHを輪に編みます。指定段数を増減なく編みます。

Step3 両端で巻き増し目をして、それぞれ往復に編む

⓪ 巻き増し目（すべて表を見て増す）

1　後ろは、前段から続けて、右端の巻き増し目をします。右針に糸をかけます。

巻き増し目

13目
休み目

2　引き締めます。続けて後ろを編みます。左端も同様にします。ここから往復に編みます。2段めは裏を見て編みます。

後ろ

前

13目
休み目

13目
休み目

糸端側

3　前の右端は、新しく糸をつけます。糸端10cmほど残して、針に糸をかけます。

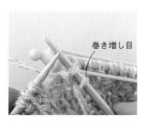

巻き増し目

4　糸を引き締め、続けて前を編みます。左端は1、2と同様に編みます。

5　それぞれ往復に指定段数を編んだところ。前後身頃が編みました。

別鎖の作り目をして編み始め、身頃を拾いながら、肩の両端で編みつなぎます。
不規則に減らしながら編みつなぎます。記号図をよく見て編み進めてください。

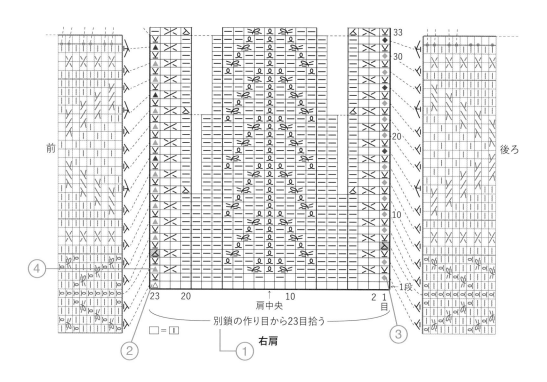

前　　　　　　　　　　　　　　　　　　　　　　　　　　　　　　後ろ

④

②　　　23　20　　　　　肩中央　　　10　　　　　2 1目　1段

□=□

別鎖の作り目から23目拾う

①　右肩

③

わかりやすいように、色を変えています

① 別鎖の作り目から拾う

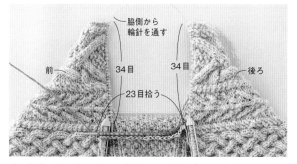

脇側から
輪針を通す

前　　34目　　34目　　後ろ

23目拾う

1　前後の肩の各34目に、脇側から6号輪針（60cm）を通します。
別鎖の作り目をして、右針で23目拾います。

② △ 前身頃の目を拾い、肩の左端の1目をかぶせる

23目め

前
（表）

2　糸を手前におき、矢印のよう
に前身頃の2目に針を入れます。

3　針に糸をかけて引き出し、
左上2目一度（裏目）を編みます。

4　矢印のように、別鎖から拾
った左端の目（23目め）に左針
を入れます。

5　3で編んだ目にかぶせます。
△が編めました。肩の左端と前
身頃がつながりました。

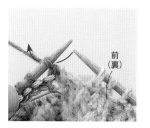

前
（裏）

6　編み地を裏に返し、糸を向
うにおき、2段めを編みます。
端の目をすべり目にします。

すべり目

7　糸を手前におき、記号図ど
おりに◆の手前まで編みます。

③ ◆ 2段め以降の右端［身頃を減らしながら編みつなぐ］

8 ◆の手前まで編んだところ。糸を向うにおき、肩の右端の目に右針を手前から入れて移します。

9 後ろ身頃の2目に手前から入れます。※△は1目、◆は3目に針を入れて同様に編みます。

10 針に糸をかけて引き出し、左上2目一度を編みます。

11 8で移した目に左針を入れます。

12 10で編んだ目にかぶせます。

13 ◆が編めました。肩の右端と後ろ身頃がつながり、2段めが編めました。

14 編み地を表に返し、3段めを編みます。糸を手前におき、端の目をすべり目にします。

15 糸を向うにおき、記号図どおりに△の手前まで編みます。

④ △ 3段め以降の左端［身頃を減らしながら編みつなぐ］

16 △の手前まで編んだところ。糸を手前におき、右針を矢印のように左針の3目に入れます。※△は2目、△は4目に針を入れます。

17 針に糸をかけて引き出します。

18 3段めが編めました。

19 編み地を裏に返し、糸を向うにおき、4段めを編みます。

20 端の目をすべり目にします。

21 糸を手前におき、以降、記号図どおりに編みます。

22 10段編んだところ。以降、記号図どおり編みます。

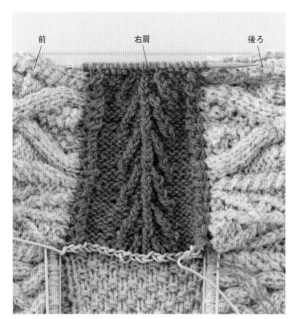

前　　　　右肩　　　　後ろ

23 記号図どおり、裏メリヤス編みの指定位置で減らしながら編みます。右肩の32段めまでが編めました。糸は切らずに休めます。

裏段のねじり目を編み忘れたとき

（表）

1　裏段のねじり目を裏目で編んでしまった例です。

2　1目だけ1段ほどきます。矢印のように前々段の1目に向うから6/0号かぎ針を入れます。

3　前段の横に渡っている糸をかぎ針にかけて、手前に引き出します。

4　前段のねじり目ができました。左針に戻して続きを編みます。

Step5　袖を編む

袖の1段めは、身頃の端1目内側から拾います。前から32目拾ったら、編み地を裏に返して2段めを編みますが、後ろは裏から拾います。

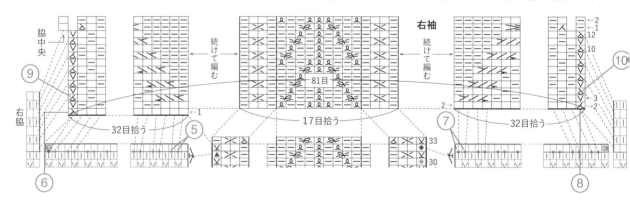

脇中央

⑨

右脇

続けて編む

右袖

続けて編む

⑩

81目

←1

17目拾う

2→

32目拾う

32目拾う

⑤

⑦

33
30

⑥

⑧

⑤　●袖ぐりの拾い方（前）

前（表）

1　端1目内側の●に針を入れます。

2　糸をかけて、引き出します。

3　1目拾えました。左隣に針を入れて同様に引き出します。

繰り返す
1段飛ばす　2目拾う

4　1段飛ばして、1〜3を繰り返します。

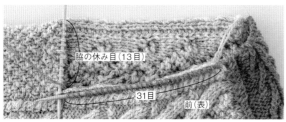

5 前から31目拾ったところ。

⑥ 袖ぐりの32目め(巻き増し目から拾う)と
脇の休み目を右上2目一度しながら拾う

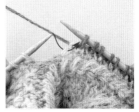

6 32目めは、巻き目増し目を
左針で向うから拾います。

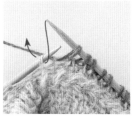

7 右針を手前から入れて移し
ます。

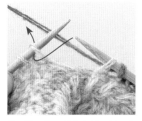

8 脇の休み目を表目で編みま
す。

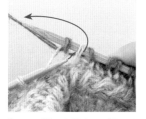

9 7で移した目を8で編んだ
目にかぶせます。

10 32目めと脇の休み目が右上
2目一度で編めました。

11 編み地を裏に返し、2段め
を編みます。端の目はすべり目
にします。以降、記号図どおり
に編みます。

⑦ ● 袖ぐりの拾い方(後ろ)　この段から編始め位置が袖下に変わります。交差編みの段を表段に調整するため、
右側の拾い目段は実際には1段めですが、2段めと数えます。

12 端1目内側の●に向うから
針を入れます。

13 針に糸をかけて、引き出し、
裏目を編みます。

14 1目拾えました。左隣に針
を入れて同様に引き出します。

15 1段飛ばして、12〜14を繰
り返します。

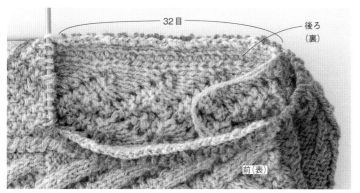

16 後ろから32目拾ったところ(袖全体で81目)。
ここから6号40cm輪針に替えて編みます(あらか
じめ、すべての目を針に移しても良い)。

⑧ 袖ぐりの32目め（巻き増し目から拾う）と脇の休み目を左上2目一度しながら拾う

17 32目めに左針を矢印のように入れて、目を移します。

18 右針を脇の休み目の1目に向うから入れ、移した目にかぶせます。

19 左上2目一度が編めました。

20 編み地を表に返します。以降、記号図どおり編みます。

⑨ 3段め以降の左端の編みつなぎ方［袖の左端と脇の休み目を左上2目一度（裏目）］

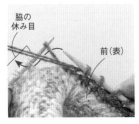
21 袖の左端1目手前まで編み、糸を手前におきます。

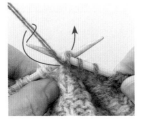
22 左端の目と脇の休み目の1目に右針を2目一度に入れて、裏目を編みます。

23 左上2目一度（裏目）が編めました。

24 編み地を裏に返し、糸を向うに置きます。記号図どおりに編みます。

⑩ 4段め以降の右端の編みつなぎ方［袖の右端と脇の休み目を右上2目一度］

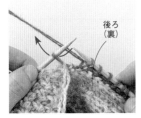
25 袖の右端1目手前まで編めたら、矢印のように右針に移します（すべり目）。

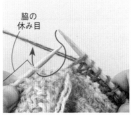
26 脇の休み目を表目で編みます。

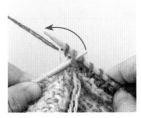
27 25で移した目に左針を入れ、26で編んだ目にかぶせます。

28 右上2目一度が編めました。

29 以降、記号図どおり、12段めまで往復に編みます。

30 以降、記号図どおり、袖下で減らしながら輪に編みます。

31 40cm輪針で編めるところまで編みますが、袖が細くなってきたら、輪針2本を使用して編みます。60cm輪針で模様の区切りのいいところまで編みます。

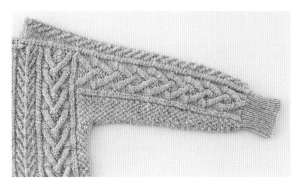

32 60cm輪針を休ませて、40cm輪針で模様編みHを編みます。残りの部分は40cm輪針を休ませて、60cm輪針で編みます。輪針が2本あれば目数が少なくなっても最後まで輪に編むことが可能です。80cmなどの長い輪針2本でも同様に編めます。

33 記号図どおり袖口まで編み、1目ゴム編み止めにします。肩と袖が編めました。反対側も同様に編みます。

Step6 裾、衿ぐりの別鎖をほどいて1目ゴム編みを編む

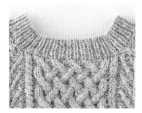

1 裾の編み地の裏から、別鎖の作り目をほどきながら、矢印のように5号60cm輪針を向うから入れます。

2 右針を入れたら、別鎖を1目分ほどきます。1、2を繰り返します。

3 裾を記号図どおりに減らして、1目ゴム編みを輪に編み、1目ゴム編み止めにします。

4 衿も同様に記号図どおりに減らして編みます。

Step7 脇の穴をかがる

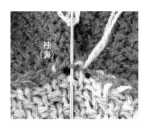

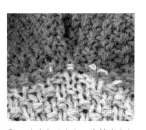

1 脇下はこのように編み目が広がるため、裏からかがります。

2 別糸をとじ針に通して、脇の右側3〜4目から編み目にそって糸をくぐらせます。

3 くぐらせたら、糸始末をします。

4 表側から見たところ。反対側も同様にかがります。

Step8 仕上げ洗いをする

〈用意するもの（ウェア1枚分）〉
大きめの洗面器
植物成分の粉石鹸…小さじ1
食酢（またはクエン酸）
…小さじ1

※粉石鹸がなければ固形石鹸を泡立てて使用します。
ウールは強くこすったり、水に濡れている時間が長いと毛がからみ合って縮みます。水温は30度以下を使用してください。

1 洗面器に粉石鹸を少量のぬるま湯で完全に溶かしたら、洗面器いっぱいに水を加えます。
2 ウェアを浸し、30秒ほど優しく押し洗いします。
3 洗濯機で30秒脱水します。
4 たっぷりの水に30秒ほどくぐらせて、ためすすぎを2回します。2回めは食酢を加えてなじませます。
5 3と同様に脱水し、形を整えて、編み地が伸びないよう平干しします。

出来上り。

カーディガン[サイズ2]の編み方ポイント

前後身頃のポケットの編み方、肩の拾い方、
前立ての編み方を解説します。
そのほかの編み方はp.31〜37の
セーターの編み方を参考にしてください。

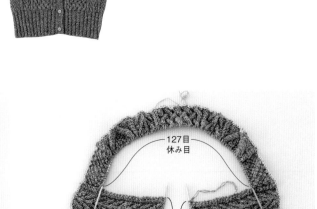

Point 1　前後身頃を編む

前後身頃とポケット下を編みつなぐ方法を解説します。
ポケット下は、編み上がってから、前身頃の裏にかがります。

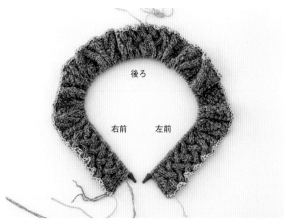

1　別鎖の作り目をして、前後身頃のポケット口の下まで往復に14段編みます。

2　中央の127目を休み目にし、右前の49目を42段編み、編終りの糸は休めます。左前は糸をつけて編みます。

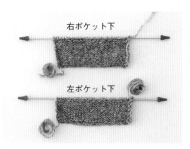

3　ポケット下を2枚編みます。ポケットの始末用に糸端を30cm残し、指に糸をかけて目を作る方法で29目作り、裏メリヤス編みを14段編みます。

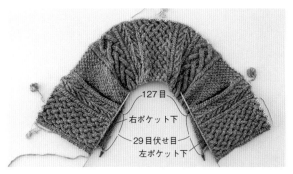

4　右前のポケット下29目を裏メリヤス編み、後ろの休み目127目拾って模様編み、左前のポケット下29目を裏メリヤス編みで42段編みます。43段めで右ポケット下を裏目の伏せ目にします。左ポケット下は糸をつけて裏目の伏せ目にします。

5　記号図どおり、前後身頃を往復に編みます。脇、後ろ衿の巻き増し目はセーターのp.31 Step3 1〜4を参考にしてください。

Point2　肩を編む

身頃の衿ぐりに前後差をつけた場合の肩の拾い方を解説します。カーディガンとベストは後ろの衿ぐりを前衿ぐりより4〜8段高くしています。セーターに前後差をつけたい場合も参考にしてください。

右肩の拾い方

ここではわかりやすいように、色を変えています

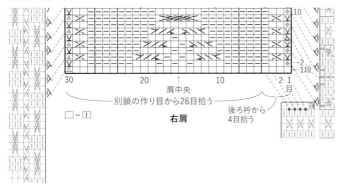

30　　　20　　　肩中央　　10　　2　1目
別鎖の作り目から26目拾う
後ろ衿から4目拾う
□ = □
右肩

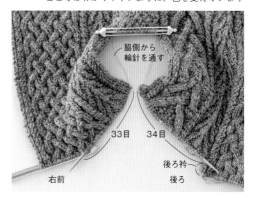

脇側から輪針を通す

33目　　34目

右前　　　後ろ衿→　後ろ

1　前後の肩に、脇側から6号輪針(60cm)を通します。

2　後ろ衿の端1目内側に右針を入れます。

3　糸をかけて引き出します。

4　左隣の1段上に針を入れて、同様に編みます。

4目拾う

5　後ろ衿から4目拾ったところ。

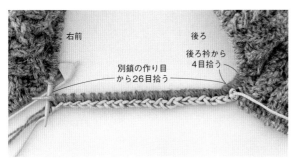

右前　　　　　後ろ
後ろ衿から4目拾う
別鎖の作り目から26目拾う

6　続けて、別鎖の作り目から26目拾います。

7　以降、記号図どおり編みます。

左肩の拾い方

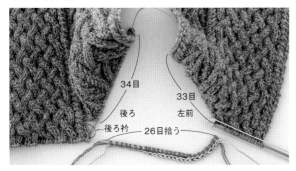

34目　　　33目
後ろ　　　左前
後ろ衿　　26目拾う

1　別鎖の作り目から26目拾います。

2　続けて、後ろ衿の端1目内側から4目拾います。以降、記号図どおり編みます。

Point3 左前身頃に左前立てを編みつける

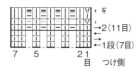

前立ては別鎖の1目ゴム編みの作り目をして、2段めから身頃の端1目内側の渡り糸を拾いながら編みつけます。左右で拾い方が違います。ボタン穴は前立てを編みつけながらあけます。メンズは左前立てにボタン穴をあけます。

→2（11目）
→1段（7目）
7　5　　　2 1
目　つけ側

ここではわかりやすいように、糸の色を変えています
身頃の編み地は、作品と異なります

1段め

1　別鎖の作り目をして、4号針で7目拾い、糸にマーカーをかけます（3の目が拾いやすくなります）。

2　メリヤス編みで3段編みます。写真は3段めの裏側です。

2段め

3　糸を手前におき、左針の1目を右針に移し（☆）、マーカーを引き上げて矢印のように右針を入れます。

4　左針を矢印のように入れ、マーカーをはずします。

5　右針に糸をかけ、2目一度に裏目を編みます。

6　裏目が編めました。左針をはずします。

7　左針の1目を右針に移し（★）、矢印のように入れてループを引き上げます。

8　7で移した2目に左針を入れ、右針に糸をかけて2目一度に裏目を編みます。

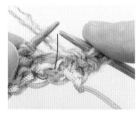

9　次から1目ずつ編みます。右針を矢印のように入れて、引き上げます。

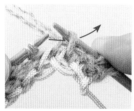

10　引き上げた目を左針に移し、右針を手前から入れ直して表目を編みます。

11　表目が編めました。

12　次の目を裏目で編みます。

13　9～12をあと3回繰り返して表目と裏目を6目編みます。左端の1目が残ります。

14　左前（裏）の裾側を手前におきます。

15　糸を手前におき、右針を左端の目に入れ、矢印のように手前のループを引き上げます。

16　左針をはずします。

17 糸を向うにおき、左前(裏)の裾側の端1目内側の2段めに針を入れ、糸をかけて引き出します。

18 引き出したところ。

19 15で移した2目に左針を手前から入れて、引き出した目にかぶせます。

20 2段めが編めました。

3段め

21 表に返し、糸を手前におき、端の1目を右針に移します(すべり目)。

22 糸を向うにおき、次の目を表目で編みます。以降、記号図どおり1目ゴム編みを編みます。

23 3段めが編めました。別鎖の作り目をほどきます。

24 前立てがはずれたり、ずれていたら、1から編み直します。

4段め

25 4段めの端1目手前まで編んだところ。糸を向うにおき、左端の目は編まずに右針に移します。

26 右針を矢印のように1段飛ばして入れます。

27 糸をかけて引き出します。

28 25で移した目に左針を入れ、引き出した目にかぶせます。

5段め

29 4段めが編めました。

30 表に返し、糸を手前におき、矢印のように入れます。

31 右針に移したところ(すべり目)。

32 糸を向うにおき、表目を編みます。以降、記号図どおり編みます。編終りは1目ゴム編み止めにします(p.48参照)。

Point4 右前身頃に右前立てを編みつける

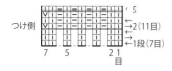

つけ側

ここではわかりやすいように、糸の色を変えています
身頃の編み地は、作品と異なります

1段め

1　別鎖の作り目をします。4号針で7目拾い目をし、糸にマーカーをかけます（3の目が拾いやすくなります）。

2　メリヤス編みで3段編みます。写真は3段めの裏側です。

2段め

3　糸を手前におき、左針の1目を右針に移し（☆）、マーカーを引き上げて矢印のように右針を入れます。

4　右針を入れたら、マーカーをはずします。

右前（裏）

5　左前（裏）の裾の端1目内側の2段めの裏から入れます。

6　右針に糸をかけて引き出し、裏目を編みます。

7　3で右針に移した2目に左針を入れます。

8　引き出した目にかぶせます。

9　右端の目が編めました。

10　左針の1目を右針に移し、矢印のように手前のループを引き上げます。

11　10で右針に移した2目を左針に移します。

12　左針に移したところ。

13　糸を手前におき、右針を向うから入れ、糸をかけて引き出し、2目一度に裏目を編みます。

14　裏目が編めました。

15　次から1目ずつ編みます。手前のループに矢印のように右針を入れて引き上げます。

16　引き上げたループを左針に移します。

42

17 右針を手前から入れて表目を編みます。

18 表目が編めました。

19 次の目を裏目で編みます。

20 15〜19をあと3回繰り返して表目と裏目を6目編みます。左端の1目が残ります。

21 糸を手前におき、左端の1目を編まずに右針に移し、手前のループを矢印のように引き上げます。

22 引き上げたら、右針に移した2目に左針を入れます。

23 右針に糸をかけて、2目一度に裏目を編みます。

24 2段めが編めました。

3段め

25 編み地を表に返し、左端の1目を残して、記号図どおり編みます。

26 糸を手前におき、左端の1目を編まずに右針に移します。

27 1段飛ばして向うから右針を入れます。

28 糸をかけて向うへ引き出します。

4段め

29 裏に返し、左針の2目めに右針を手前から矢印のように入れます。

30 右端の目にかぶせます。

31 3段めが編めました。別鎖の作り目をほどきます。前立てがはずれたり、ずれていたら、1から編み直します。

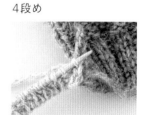

32 4段めの端の目はすべり目にします。以降、記号図どおり編みます。

Point5　前立てを編みながらボタン穴をあける（レディスは右前、メンズは左前）

←7段

ここではわかりやすいように、糸の色を変えています
身頃の編み地は作品と異なります

5段め

33　メンズカーディガンは、左前立ての7段めからボタン穴を作ります。

7段め

1　記号図どおり右上2目一度まで編みます（写真は左前立てですが、レディスは右前立てにボタン穴を作ります）。

2　巻き目の作り目をゆるい目で2目作ります。きつい目で作るとボタン穴が小さくなります。

3　記号図どおり編み進み、指定の段でボタン穴を作りながら前立てを編みます。

Point6　ボタンホール・ステッチをする

ここではわかりやすいように、糸の色を変えています

1　割り糸約30cmをとじ針に通します。裏から針を出してボタン穴の縁をすくいます。

2　右隣をすくったら、糸を時計回りにかけます。

3　針をゆるく引きます。糸を強く引くとボタン穴が小さくなります。

4　2、3を繰り返して1周します。

Point7　ポケット下の始末をする

ポケット下（裏）

とじ針に2本どりにした糸を50cm通し、ポケット下を前身頃の裏側に、表にひびかないようにかがります。

Point8　ボタンをつける

力ボタン
（裏）

左前立て（メンズは右前立て）の指定位置の裏に力ボタンを添えて、ボタンつけ糸でボタンをつけます。

出来上り。脇の穴のかがり方、仕上げ洗いはp.37を参照してください。

手編みの基礎

【 製図の見方 】

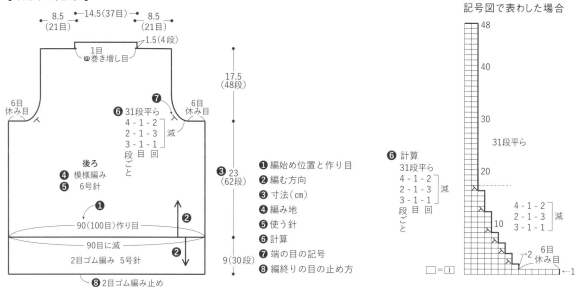

8.5（21目）　14.5（37目）　8.5（21目）

1.5（4段）

1目
ω巻き増し目

17.5（48段）

❼

6目
休み目　ㅅ

❻31段平ら
4 - 1 - 2
2 - 1 - 3
3 - 1 - 1
段 目 回
ごと　減

6目
休み目

後ろ
❹模様編み
❺6号針

❸23（62段）

❶編始め位置と作り目
❷編む方向
❸寸法（cm）
❹編み地
❺使う針
❻計算
❼端の目の記号
❽編終りの目の止め方

❶
90（100目）作り目

❷

90目に減
2目ゴム編み 5号針

❷

9（30段）

❽2目ゴム編み止め

記号図で表わした場合

48

40

30

31段平ら

20

❻計算
31段平ら
4 - 1 - 2
2 - 1 - 3
3 - 1 - 1
段 目 回
ごと　減

10

4 - 1 - 2
2 - 1 - 3
3 - 1 - 1　減

×2　6目
休み目

□ =１　←1

【 作り目 】

指に糸をかけて目を作る方法

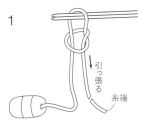

1 糸端から編み幅の約3倍の長さのところで輪を作り、棒針をそろえて輪の中に通す

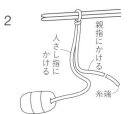

2 輪を引き締める。1目のでき上り

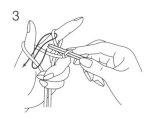

3 短いほうを左手の親指に、糸玉のほうを人さし指にかけ、右手は輪のところを押さえながら棒針を持つ。親指にかかっている糸を図のようにすくう

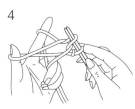

4 すくい終わったところ

5 親指にかかっている糸をはずし、その下側をかけ直しながら結び目を締る

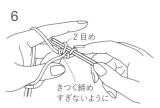

6 親指と人さし指を最初の形にする。3〜6を繰り返す

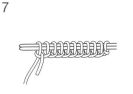

7 必要目数を作る。これを表目1段と数える

8 2本の棒針の1本を抜き、糸のある側から2段めを編む

【 編み目記号 】

｜ 表目

1 糸を向う側におき、左針の目の手前から右針を入れる

2 右針に糸をかけて引き出す

3 左針から目をはずす

— 裏目

1 糸を手前におき、左針の目の向う側から右針を入れる

2 右針に糸をかけて引き出す

3 左針から目をはずす

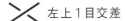 左上1目交差　※✂は2で向うから入れて裏目を編む
※✂は1で向うから入れて ねじり目も編み、2で裏目も編む

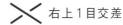 右上1目交差　※✂は1で向うから入れて1目めの右側に引き出し、裏目を編み、2で向うから入れてねじり目を編む

左上1目交差

1　左針の2目めを1目めの手前から針を入れ、表目で編む

2　左針の1目めを表目で編む

3　左の目が上に交差する

右上1目交差

1　左針の2目めを1目めの向う側から針を入れ、表目で編む

2　左針の1目めを表目で編む

3　右の目が上に交差する

左上2目交差　※目数が変わっても同じ要領で編む

1　1と2の目を別針に移して向う側に休め、3と4の目を表目で編む

2　別針で休めておいた1と2の目を表目で編む。左の2目が上に交差する

左上交差（表目と裏目）　※目数が変わっても同じ要領で編む

1　1の目を別針に移して向う側に休める

2　2と3の目を表目で編む

3　別針で休めておいた1の目を裏目で編む

4　左の2目が上に交差する

右上2目交差　※目数が変わっても同じ要領で編む

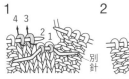

1　1と2の目を別針に移して手前に休め、3と4の目を表目で編む

2　別針で休めておいた1と2の目を表目で編む。右の2目が上に交差する

右上交差（表目と裏目）　※目数が変わっても同じ要領で編む

1　1と2の目を別針に移して手前に休める

2　3の目を裏目で編む

3　別針で休めておいた1と2の目を表目で編む

4　右の2目が上に交差する

右上2目一度

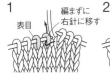

表目

編まずに右針に移す

1　編まずに手前から入れて右針に移し、次の目を表目で編む

2　次の目に移した目をかぶせる。1目減る

左上2目一度

1　2目一緒に手前から右針を入れる

2　糸をかけて表目で編む。1目減る

右上2目一度（裏目）

1　編まずに2目を右針に移し、目の向きを変えて左針に戻す

2　2目一緒に矢印のように右針を入れて、裏目で編む。1目減る

左上2目一度（裏目）

2目一緒に右針を入れて、裏目で編む。1目減る

右上3目一度

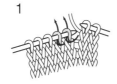

1　2目に手前から右針を入れて編まずに移す

2　次の1目を表目で編む

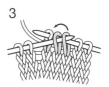

3　移した2目に左針を入れ、編んだ目にかぶせる

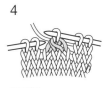

4　2目減る

⋏ 左上3目一度　※⋏は1で向うから入れて、3目一度に裏目を編む　　Ω ねじり目　　Ω ねじり目（裏目）

1
3目一緒に手前から右針を入れる

2
糸をかけて表目で編む

3
2目減る

1
向う側から右針を入れ、表目を編む

2
1段下の目が右上でねじれる

向う側から針を入れ、裏目を編む。1段下の目が右上でねじれる

【目の止め方】　※糸端を止める長さの約3倍残す

輪編みの1目ゴム編み止め

1
1の目を飛ばして2の目の手前から針を入れて抜き、1の目に戻って手前から針を入れ3の目に出す

2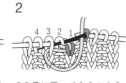
2の目に戻って向うから入れ、4の目の向うへ出す。ここから表目どうし、裏目どうしに針を入れる

3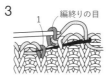
編終り側の表目に手前から針を入れ、1の目に針を出す

4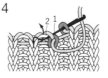
編終りの裏目に向うから針を入れ、図のようにゴム編み止めをした糸をくぐり、さらに矢印のように2の裏目に抜く

5
止め終わった状態

輪編みの2目ゴム編み止め

1
1の向うから針を入れる

2
編終りの目に手前から針を入れる

3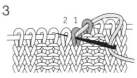
1の手前から入れ、2の向うから入れる

4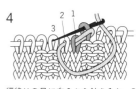
編終りの目に向うから針を入れ、3の目に手前から入れる

5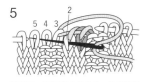
2に戻って手前から入れ、5の向うから針を入れる

6
3、4の目に図のように針を入れ、以降、平編みの2目ゴム編み止めの5、6と同様にする

7
編終りの表目と編始めの表目に図のように針を入れ、最後は裏目2目に針を入れ引き抜く

平編みの2目ゴム編み止め（両端が表目2目の場合）

1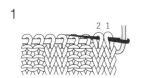
1の手前から入れ、2の向うから針を入れる

2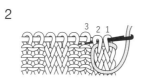
1の目に戻って手前から入れ、3の目の向うに針を出す

3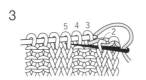
2の目に戻って手前から針を入れ、3、4の2目を飛ばして5の目に針を出す

4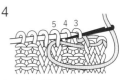
3、4の目に図のように針を入れる

5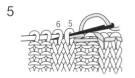
5、6の目に図のように針を入れる

6
4の目に戻って向うから針を入れ、5、6の2目を飛ばして7の目に針を入れる

7
3～6を繰り返し、端の表目2目に図のように針を入れる

8
裏目と端の表目に針を入れ、引き抜く

平編みの2目ゴム編み止め（両端が表目1目の場合）　⊞⊟⊟〜⊞⊟⊟⊞⊞⊟⊟

1　糸端を止める幅の約3倍残してとじ針に通します。1目め（表目）の向うから入れます。

2　2目め（裏目）に手前から入れます。

3　1目め（表目）の手前から入れ、2目飛ばして、4目め（表目）の向うから入れます。

4　p.47平編みの2目ゴム編み止めの3〜7を繰り返します。左端の表目は手前から入れます。

右前立ての1目ゴム編み止め

1　端の目（表目）に手前から入れ、2目め（表目）に向うから入れます。

2　端の目（表目）に向うから入れます。

3　1目飛ばして、3目め（裏目）に手前から入れます。

4　2目め（表目）の手前から入れ、1目とばして4目め（表目）の向うから入れます（表目と表目）。

5　3目め（裏目）の向うから入れ、1目飛ばして5目め（裏目）に手前から入れます（裏目と裏目）。

6　4、5を繰り返します。

7　端から3目め（裏目）は向うから入れ、左端の目に手前から入れます。

8　端の目に手前から入れ、左隣の目から裏に出します。

9　左端に向うから入れます。糸端は前立ての端の目に5〜6目くぐらせて始末します。

10　右前立ての1目ゴム編み止めができました。

左前立ての1目ゴム編み止め

1　端の目に手前から入れます。

2　2目め（表目）に向うから入れます。以降、上記の4、5と同じ要領で1目ゴム編み止めをします。

3　端から2目め（表目）は手前から入れ、左端（表目）は向うから入れます。

4　端から2目め（表目）に向うから入れます。

5　端の目に手前から入れます。

6　左前立て1目ゴム編み止めができました。

INDEX

SWEATER

※糸以外は size1～5共通
【糸】ジェイミソンズ シェットランド スピンドリフト(25g玉巻き)
　　　size1／生成り(104 Natural White)…22玉
　　　size2／薄いグレー(127 Pebble)…24玉
　　　size3／ベージュ(105 Eesit)…30玉
　　　size4／ブラウン(107 Mogit)…34玉
　　　size5／ダークブラウン(101 Shetland Black)…36玉
【用具】6号・5号60cm輪針、6号40cm輪針、4号・3号4本棒針
【ゲージ】※糸はすべて2本どり、指定以外は6号針
　　　模様編みA、A'　4目が1.5cm、27段が10cm
　　　模様編みB、B'　16目が6.5cm、27段が10cm
　　　模様編みC　9目が4.5cm、27段が10cm
　　　模様編みD　27目が10.5cm、27段が10cm
　　　　　　　　　33目が12.5cm、27段が10cm
　　　模様編みE、E'　6目が2cm、27段が10cm
　　　模様編みF　9目が4.5cm、27段が10cm
　　　模様編みG、G'　16目が6.5cm、27段が10cm
　　　模様編みH　14.5目27段が10cm四方
　　　1目ゴム編み(4号針)　21目が10cm、24段が7.5cm
　　　　　　　　　(5号針)　19目が10cm、24段が8cm
【サイズ】p.26のサイズガイドを参照してください。

【編み方】p.31～37のプロセス写真も参照してください。
糸は2本どりで編みます。
前後身頃は6号60cm輪針を使用し、裾から別鎖の作り目をして輪に編み始めます。模様編みで増減なく編みます。脇まで編めたら、指定の目数を休み目にし、続けて後ろ身頃を往復に編みますが、両端各1目を巻き増し目します。前身頃は糸をつけて、後ろ身頃と同様に編みます。編終りは休み目にします。前後右肩の休み目に6号60cm輪針を脇側から通します。肩は別鎖の作り目をして、模様編みを往復に編みますが、両端の目と休み目を編みつなぎます。続けて、前後袖ぐりから拾い目をして袖を往復に編みます。40cm輪針に替えて、袖の両端と脇下の休み目を編みつなぎます。続けて、袖を袖下で減らしながら、60cm輪針も使用して輪に編みます。袖口の1目ゴム編みは、4号針で指定の目数に減らして輪に編みます。編終りは1目ゴム編み止めにします。もう一方の袖も同様に編みます。裾、衿ぐりは別鎖をほどきながら針に目を移し、裾は5号60cm輪針、衿ぐりは4号、3号針で1目ゴム編みを輪に編み、編終りは1目ゴム編み止めにします。脇下に糸をつけて脇をかがります。仕上げ洗いをします。

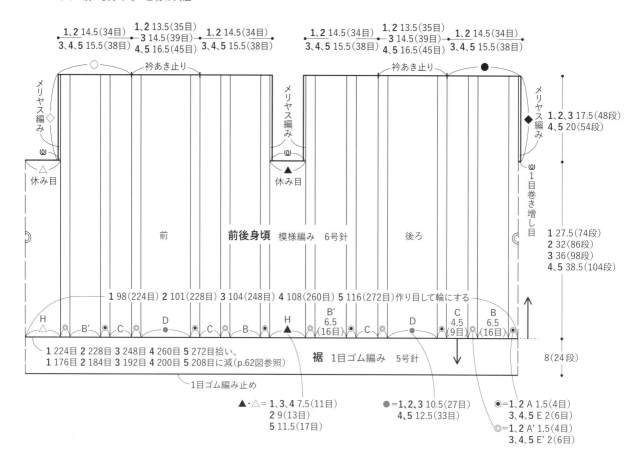

サイズ1、2　前後身頃の模様編み

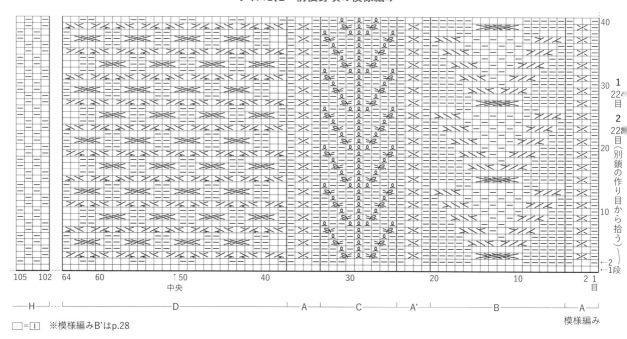

□=□　※模様編みB'はp.28

サイズ3　前後身頃の模様編み

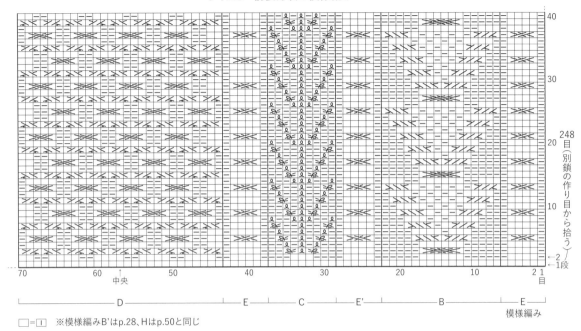

70　　　60　　中央　　50　　　　40　　　　30　　　　20　　　　10　　2 1 目

248目（別鎖の作り目から拾う）
←2
←1段

D ——— E — C — E' ——— B —— E
模様編み

□=□　※模様編みB'はp.28、Hはp.50と同じ

サイズ4、5　前後身頃の模様編み

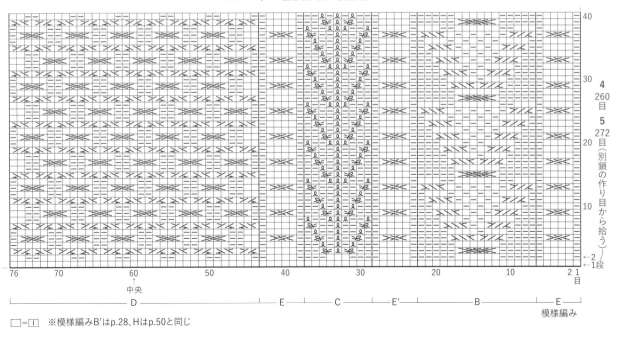

76　　70　　　60　中央　50　　　　40　　　　30　　　　20　　　　10　　2 1 目

4
260目
5
272目（別鎖の作り目から拾う）
←2
←1段

D ——— E — C — E' ——— B —— E
模様編み

□=□　※模様編みB'はp.28、Hはp.50と同じ

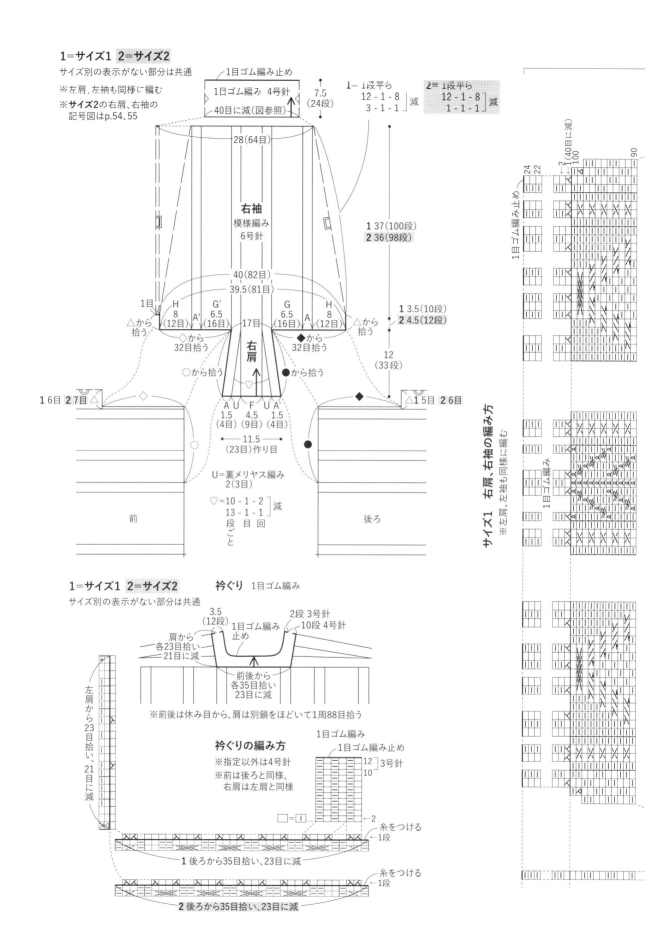

1=サイズ1　**2**=サイズ2

サイズ別の表示がない部分は共通

※左肩，左袖も同様に編む

※**サイズ2の右肩，右袖の**記号図はp.54、55

1目ゴム編み止め

1目ゴム編み　4号針

40目に減（図参照）

28(64目)

右袖
模様編み
6号針

7.5
(24段)

1－1段平ら
12－1－8
3－1－1 ⌉減

2＝1段平ら
12－1－8
1－1－1 ⌉減

1 37(100段)
2 36(98段)

40(82目)
39.5(81目)

1目
H
8
(12目)
A'
G'
6.5
(16目)
17目
G
6.5
(16目)
A
H
8
(12目)

△から拾う
△から拾う

◇から
32目拾う
◆から
32目拾う

1 3.5(10段)
2 4.5(12段)

12
(33段)

○から拾う
右肩
●から拾う

♡

1 6目 **2** 7目 △ ◇

A U F U A'
1.5 4.5 1.5
(4目)(9目)(4目)

△ **1** 5目 **2** 6目
◆

11.5
(23目)作り目

前

後ろ

U＝裏メリヤス編み
2(3目)

♡＝10－1－2
　　13－1－1 ⌉減
段 目 回
ご と

サイズ1　右肩、右袖の編み方
※左肩、左袖も同様に編む

1目ゴム編み止め

24
22
2
(40目に減)
100
90

1目ゴム編み

1目ゴム編み

1=サイズ1　**2**=サイズ2

サイズ別の表示がない部分は共通

衿ぐり　1目ゴム編み

3.5
(12段)
1目ゴム編み
止め
2段 3号針
10段 4号針

肩から
各23目拾い
21目に減

前後から
各35目拾い
23目に減

※前後は休み目から、肩は別鎖をほどいて1周88目拾う

左肩から23目拾い、21目に減

衿ぐりの編み方

※指定以外は4号針
※前は後ろと同様、
　右肩は左肩と同様

1目ゴム編み
1目ゴム編み止め
12 ⌉3号針
10

□＝[1]

2
糸をつける
1段

1 後ろから35目拾い、23目に減

糸をつける
1段

2 後ろから35目拾い、23目に減

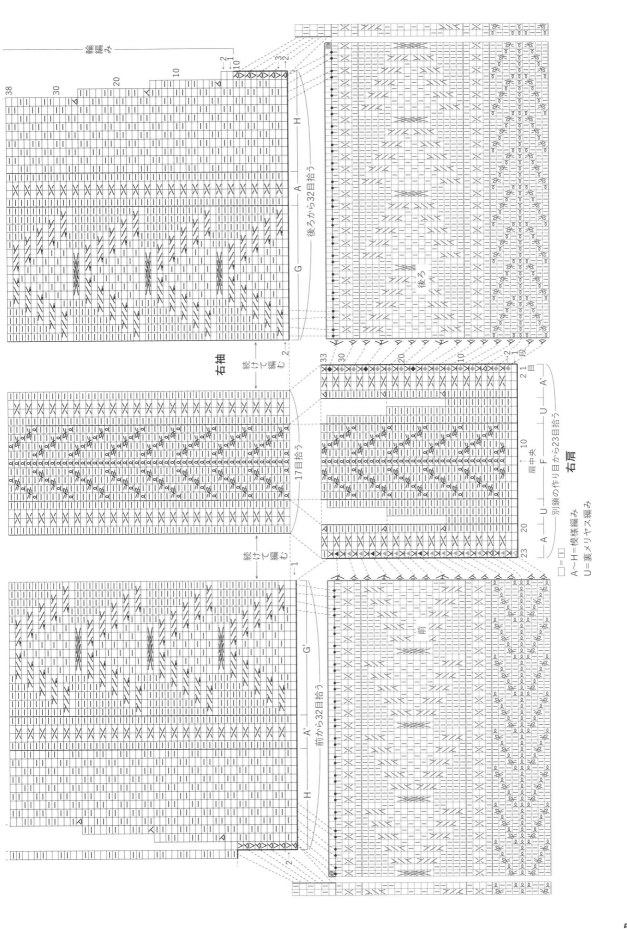

右袖

輪編み

右肩

後ろ

前

後ろから32目拾う

前から32目拾う

17目拾う

続けて編む

続けて編む

肩中央

別鎖の作り目から23目拾う

□=□
A～H=横模様編み
U=裏メリヤス編み

サイズ2　右肩、右袖の編み方

※左肩、左袖も同様に編む

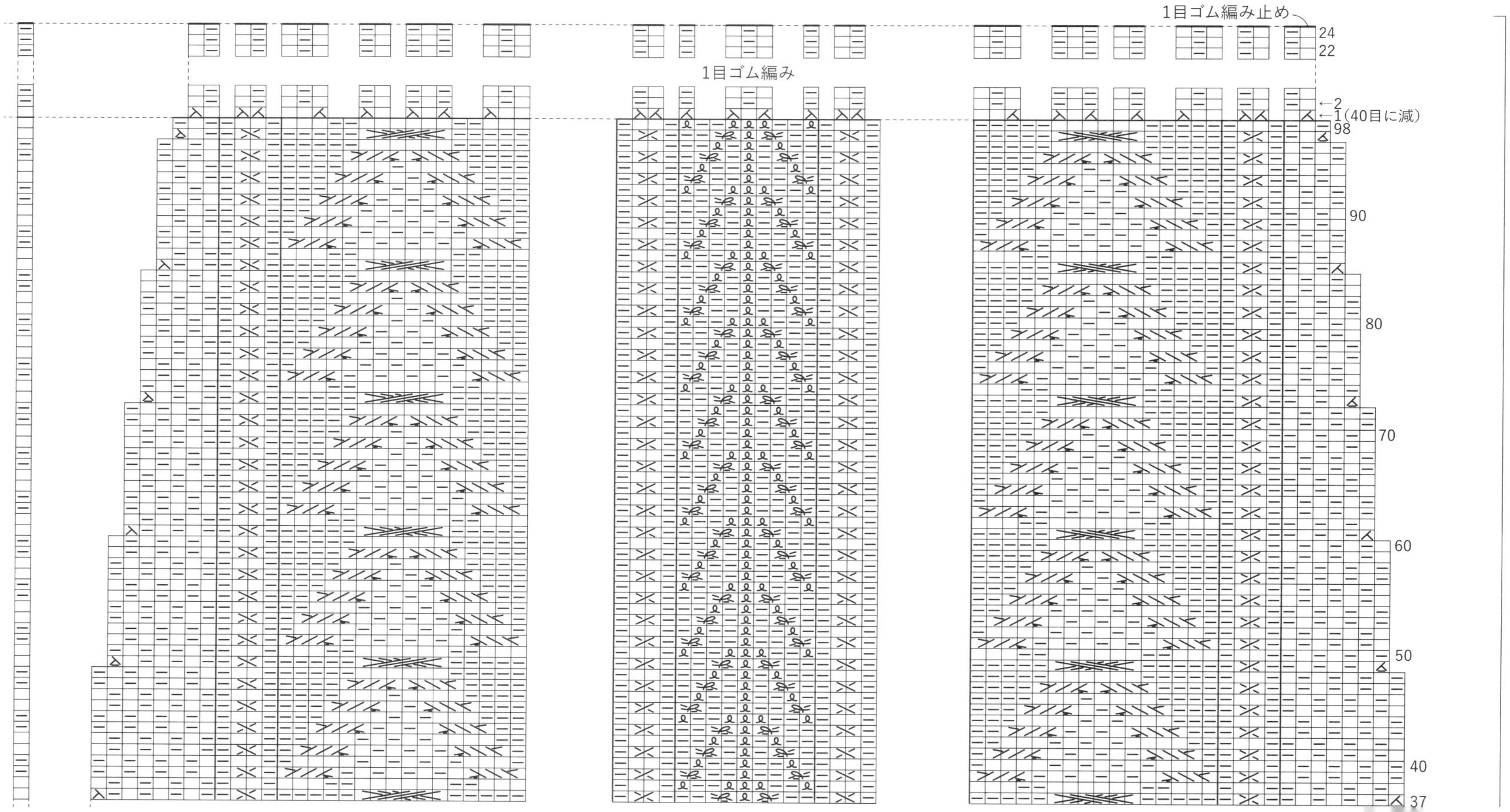

1目ゴム編み止め

24
22

↑2(40目に減)
↑1
98

90

80

70

60

50

40

37

1目ゴム編み

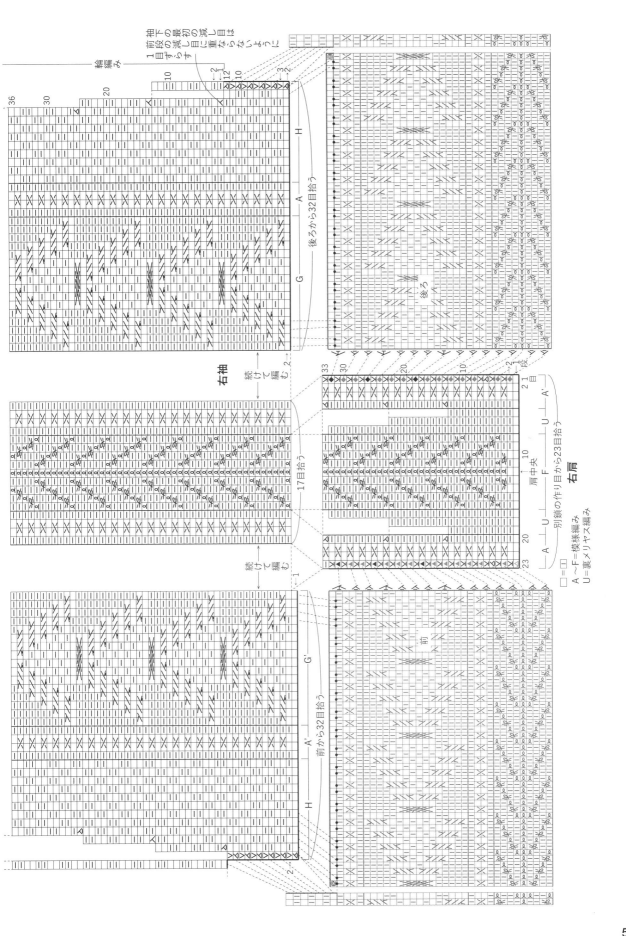

右袖

輪編み

後ろから32目拾う

前から32目拾う

右肩

後ろ

前

肩中央

別鎖の作り目から23目拾う

17目拾う

別鎖の作り目

模様編み

□ = □

A ~ F = 模様編み
U = 裏メリヤス編み

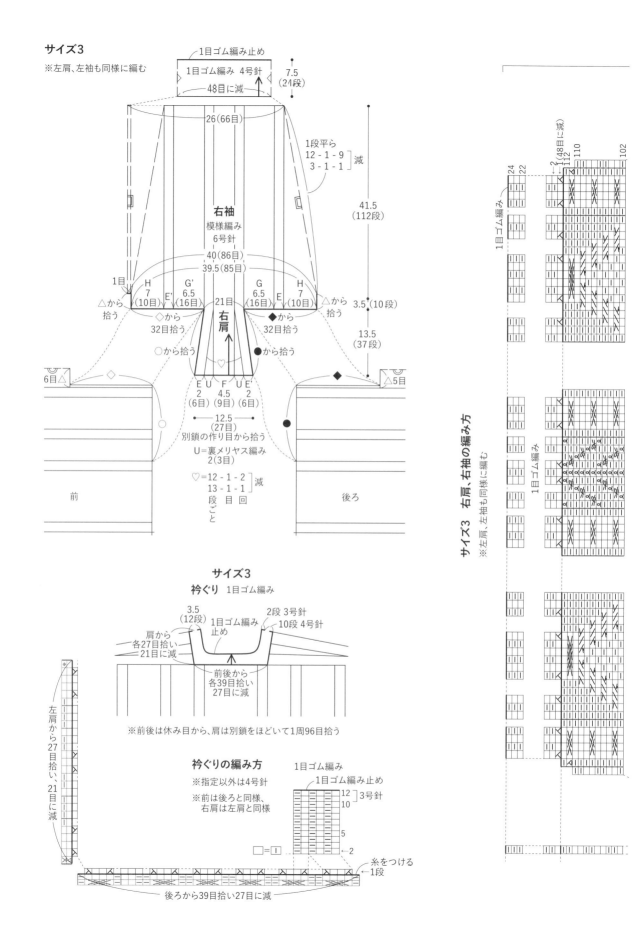

サイズ3

※左肩、左袖も同様に編む

1目ゴム編み止め

1目ゴム編み　4号針

48目に減

26(66目)

7.5
(24段)

1段平ら
12 - 1 - 9
3 - 1 - 1　減

41.5
(112段)

右袖
模様編み
6号針

40(86目)
39.5(85目)

1目

△から
拾う

H
7
(10目)

E'
G'
6.5
(16目)

21目

右肩

◇から
32目拾い

◆から
32目拾い

G
6.5
(16目)

E
H
7
(10目)

△から
拾う

3.5(10段)

13.5
(37段)

6目

○から拾う

●から拾う

◇

◆

5目

E U F U E
2 4.5 2
(6目)(9目)(6目)

12.5
(27目)

別鎖の作り目から拾う

U=裏メリヤス編み
2(3目)

♡=12 - 1 - 2
13 - 1 - 1　減
段　目　回
ご
と

前

後ろ

サイズ3
衿ぐり　1目ゴム編み

3.5
(12段)

1目ゴム編み
止め

2段 3号針
10段 4号針

肩から
各27目拾い
21目に減

前後から
各39目拾い
27目に減

左肩から
27目拾い、
21目に減

※前後は休み目から、肩は別鎖をほどいて1周96目拾う

衿ぐりの編み方

※指定以外は4号針

※前は後ろと同様、
　右肩は左肩と同様

1目ゴム編み

1目ゴム編み止め

12　3号針
10

5

2

□ = ｜

糸をつける
1段

後ろから39目拾い27目に減

サイズ3　右肩、右袖の編み方

※左肩、左袖も同様に編む

24
22

2(48目に減)
112
110

102

1目ゴム編み

1目ゴム編み

1目ゴム編み

56

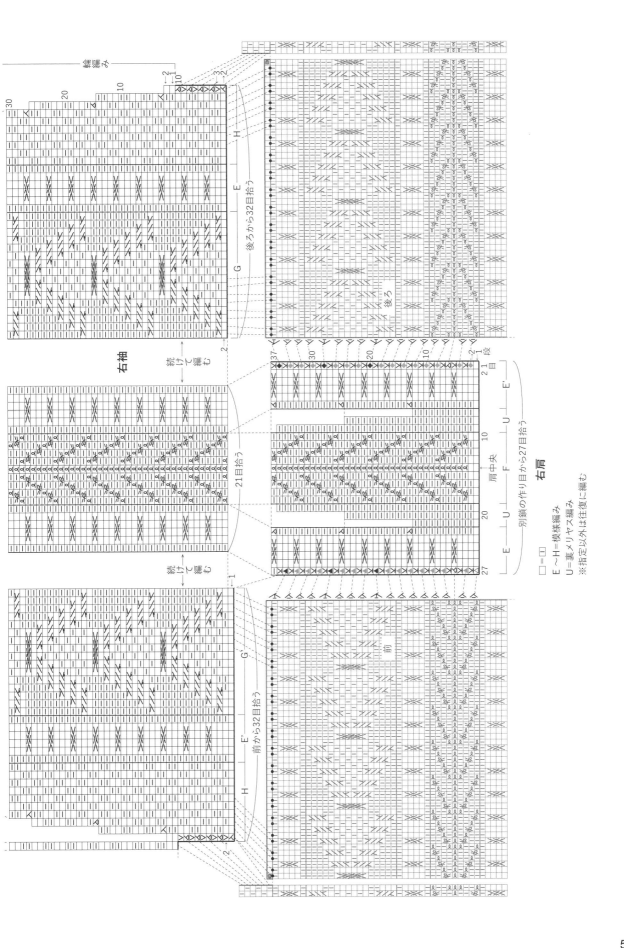

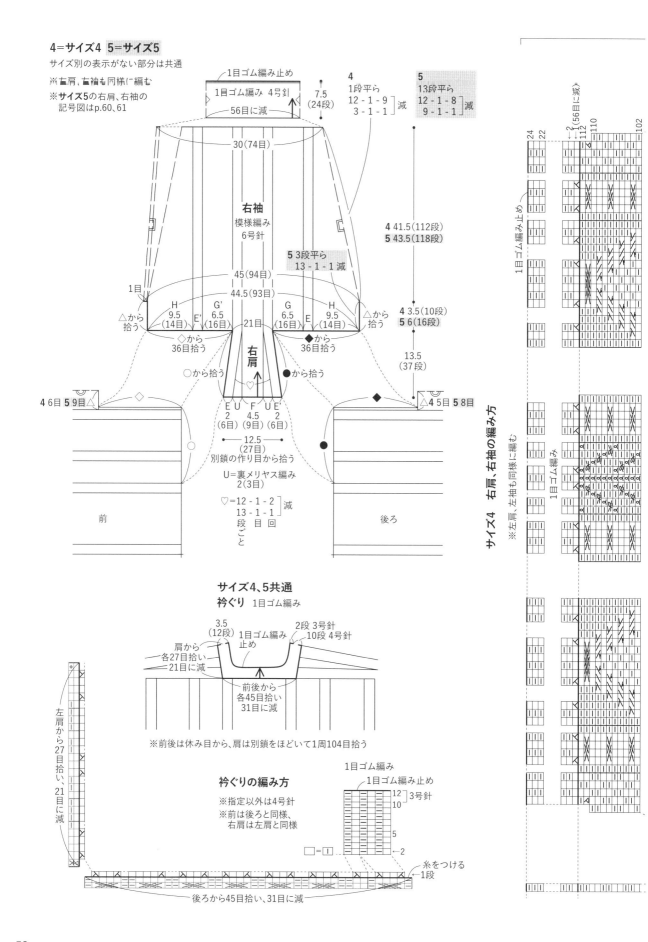

4=サイズ4 5=サイズ5
サイズ別の表示がない部分は共通

※右肩、右袖も同様に編む
※サイズ5の右肩、右袖の
　記号図はp.60、61

1目ゴム編み止め
1目ゴム編み 4号針
56目に減

7.5
(24段)

4
1段平ら
12-1-9
3-1-1] 減

5
13段平ら
12-1-8
9-1-1] 減

30(74目)

右袖
模様編み
6号針

4 41.5(112段)
5 43.5(118段)

5 3段平ら
13-1-1 減

45(94目)
44.5(93目)

1目

H 9.5 (14目)　G' 6.5 (16目)　E'　　21目　　G 6.5 (16目)　E　　H 9.5 (14目)

△から拾う

◇から36目拾う　　◆から36目拾う

右肩

○から拾う　　♡　　●から拾う

△から拾う

4 3.5(10段)
5 6(16段)

13.5
(37段)

4 6目 5 9目　　◇

4 5目 5 8目　　◆

E U F U E
2 4.5 2
(6目)(9目)(6目)

12.5
(27目)
別鎖の作り目から拾う
U=裏メリヤス編み
2(3目)

♡=12-1-2
13-1-1] 減
段 目 回
ごと

前　　　　　後ろ

サイズ4　右肩、右袖の編み方
※左肩、右袖も同様に編む

24 22　　2(56目に減)　112 110　102

1目ゴム編み止め

1目ゴム編み

サイズ4、5共通
衿ぐり 1目ゴム編み

3.5
(12段)　1目ゴム編み止め

2段 3号針
10段 4号針

肩から
各27目拾い
21目に減

前後から
各45目拾い
31目に減

※前後は休み目から、肩は別鎖をほどいて1周104目拾う

衿ぐりの編み方

※指定以外は4号針
※前は後ろと同様、
　右肩は左肩と同様

左肩から27目拾い、21目に減

1目ゴム編み
1目ゴム編み止め
12
10　3号針

5

□=|　　→2

糸をつける
1段

後ろから45目拾い、31目に減

58

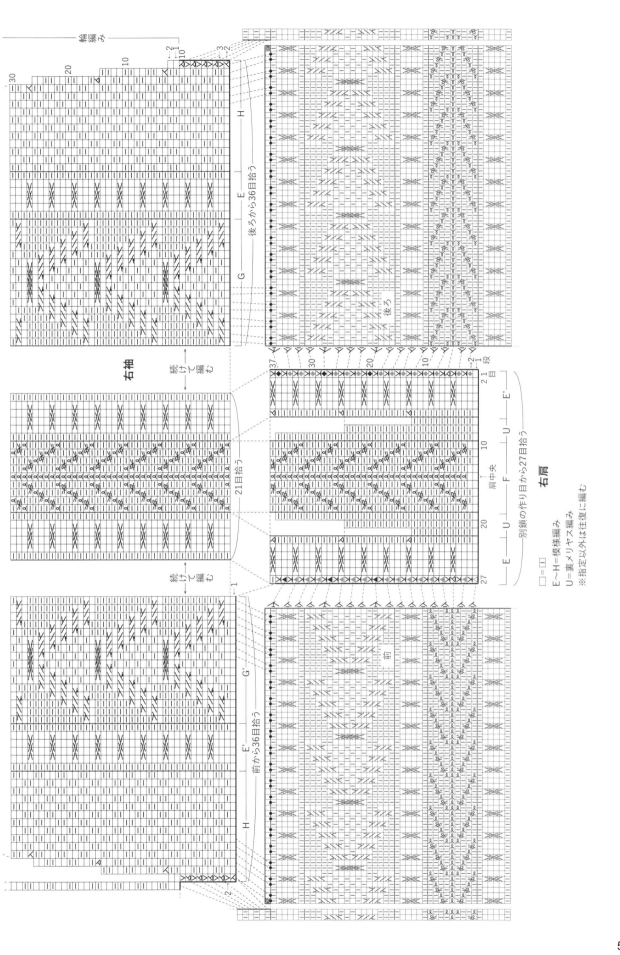

右袖

右肩

□＝｜

E～H＝模様編み

U＝裏メリヤス編み

※指定以外は往復に編む

59

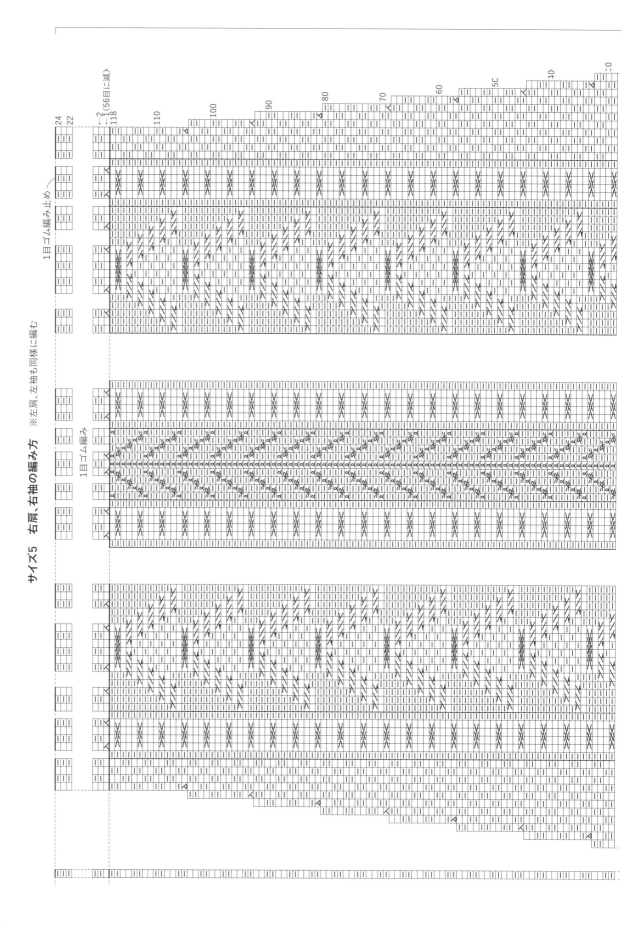

サイズ5　右肩、右袖の編み方　※左肩、左袖も同様に編む

1目ゴム編み止め

1目ゴム編み

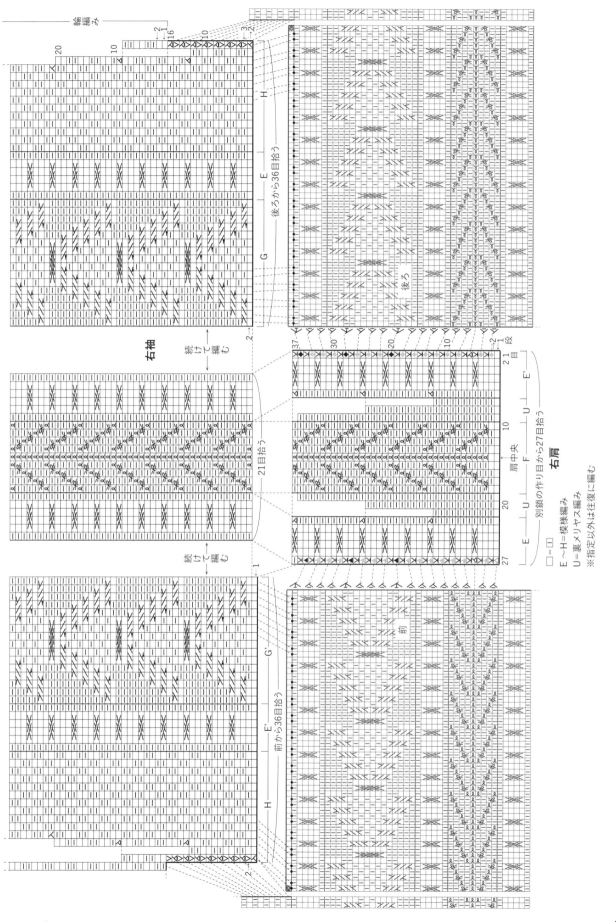

裾の1目ゴム編みの編み方

サイズ1

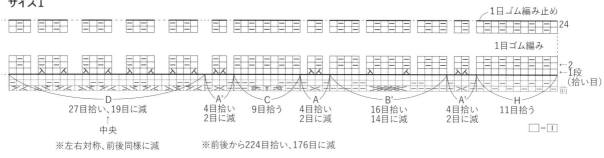

1目ゴム編み止め
1目ゴム編み
24
←2
←1段
（拾い目）
前

D
27目拾い、19目に減
↑
中央
※左右対称、前後同様に減

A'
4目拾い
2目に減

C
9目拾う

A
4目拾い
2目に減

B'
16目拾い
14目に減

A'
4目拾い
2目に減

H
11目拾う

□＝|

※前後から224目拾い、176目に減

サイズ2

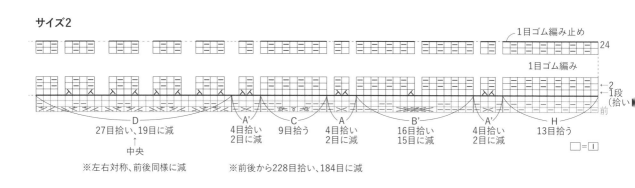

1目ゴム編み止め
1目ゴム編み
24
←2
←1段
（拾い
前

D
27目拾い、19目に減
↑
中央
※左右対称、前後同様に減

A'
4目拾い
2目に減

C
9目拾う

A
4目拾い
2目に減

B'
16目拾い
15目に減

A'
4目拾い
2目に減

H
13目拾い

□＝|

※前後から228目拾い、184目に減

サイズ3

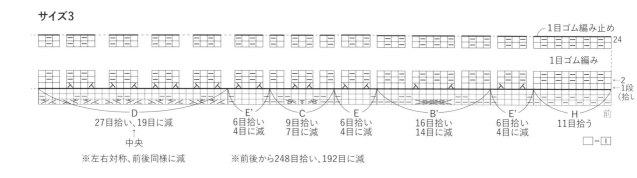

1目ゴム編み止め
1目ゴム編み
←2
←1段
（拾い
前

D
27目拾い、19目に減
↑
中央
※左右対称、前後同様に減

E'
6目拾い
4目に減

C
9目拾い
7目に減

E
6目拾い
4目に減

B'
16目拾い
14目に減

E'
6目拾い
4目に減

H
11目拾う

□＝|

※前後から248目拾い、192目に減

4＝サイズ4　5＝サイズ5

サイズ別の表示がない部分は共通

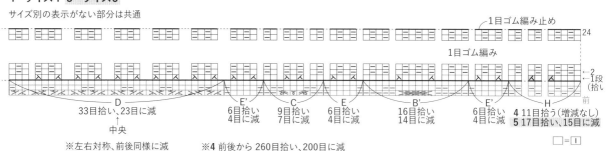

1目ゴム編み止め
1目ゴム編み
24
←2
←1段
（拾い
前

D
33目拾い、23目に減
↑
中央
※左右対称、前後同様に減

E'
6目拾い
4目に減

C
9目拾い
7目に減

E
6目拾い
4目に減

B'
16目拾い
14目に減

E'
6目拾い
4目に減

H
4 11目拾う（増減なし）
5 17目拾い、15目に減

□＝|

※4 前後から260目拾い、200目に減
5 前後から272目拾い、208目に減

CARDIGAN

size1／編み方 p.63～65、68、69、72、73
size2／写真 p.20／編み方 p.63、64、66～68、70～73
size3／写真 p.22／編み方 p.63～65、74～77
size4／編み方 p.63～65、78、79、82、83
size5／編み方 p.63～65、78、80～83

※糸以外は size1～5共通
【糸】ジェイミソンズ シェットランド スピンドリフト（25g玉巻き）
　　size1／26玉
　　size2／グレー（103 Sholmit）28玉
　　size3／薄いグレー（127 Pebble）36玉
　　size4／40玉
　　size5／42玉
【用具】6号・5号60cm輪針、6号40cm輪針、4号・3号4本棒針
【その他】直径1.8cmのボタン、力ボタン
　　size1、size2／各7個
　　size3、size4、size5／各8個
　　ボタンつけ糸
【ゲージ】※糸はすべて2本どり、指定以外は6号針
　　模様編みA、A'　4目が1.5cm、27段が10cm
　　模様編みB、B'　16目が6.5cm、27段が10cm
　　模様編みC　9目が4.5cm、27段が10cm
　　模様編みD、D'　27目が10.5cm、27段が10cm
　　　　　　　　　33目が12.5cm、27段が10cm
　　模様編みE、E'　6目が2cm、27段が10cm
　　模様編みF　9目が4.5cm、27段が10cm
　　模様編みG、G'　16目が6.5cm、27段が10cm
　　模様編みH　14.5目27段が10cm四方
　　模様編みI（4号針）　22目32段が10cm四方
　　　　　　　（5号針）　19目30段が10cm四方
　　裏メリヤス編み　17目27段が10cm四方
【サイズ】p.26のサイズガイドを参照してください。

【編み方】p.31～44のプロセス写真も参照してください。
糸は2本どりで編みます。
前後身頃は6号60cm輪針を使用し、裾から別鎖の作り目をして往復に編み始めます。模様編みで増減なくポケット口まで編みます。後ろ中央を休み目にして、右前身頃と左前身頃を指定の目数と段数で編み、休み目にします。左右のポケット下を、それぞれ指に糸をかける作り目をして裏メリヤス編みで編みます。右ポケット下に続けて裏メリヤス編み、後ろ中央の休み目から拾って模様編みを編み、続けて左ポケット下の裏メリヤス編みを編みます。指定段数編めたら、後ろ中央を休み目にして、左右のポケット下を伏せ目にします。前後身頃の模様編みを続けて編みます。脇を休み目にし、続けて右前身頃を往復に編みますが、記号図どおり脇に1目を巻き増し目にします。後ろ身頃と左前身頃は、糸をつけて編みます。後ろ身頃は衿ぐりに糸をつけて前後差を編みます。編終りは休み目にします。前後右肩の休み目に6号60cm輪針を脇側から通します。肩は別鎖の作り目をして模様編みで往復に編みますが、後ろ衿ぐりから拾い目をして、両端の目と休み目を編みつなぎます。続けて、前後袖ぐりから拾い目をして袖を往復に編みます。40cm輪針に替えて、袖の両端と脇下の休み目を編みつなぎます。続けて、袖を袖下で減らしながら60cm輪針も使用して輪に編みます。袖口の模様編みIは、4号針で指定の目数に減らして輪に編みます。編終りは2目ゴム編み止めにします。左肩、左袖は左右対称に編みます。裾、衿ぐりは別鎖をほどきながら針に目を移し、裾は5号60cm輪針、衿ぐりは4号、3号針で模様編みIを編み、編終りは2目ゴム編み止めにします。前立ては4号針を使用し、別鎖の作り目をして、前端を拾いながら編み、レディスは右前立てに、メンズは左前立てにボタン穴をあけながら1目ゴム編みを編みます。編終りは1目ゴム編み止めにします。ボタン穴にボタンホール・ステッチをします。ポケット下を前身頃の裏にかがります。脇下に糸をつけて脇をかがります。仕上げ洗いをします。裏に力ボタンを添えてボタンをつけます。

伏止め（裏目）

1　端の2目を裏目で編み、1目めを2目めにかぶせる

2　裏目で編み、かぶせることを繰り返す

3　最後の目は引き抜いて糸を締める

ボタンつけ

ボタンをつける糸はボタンつけ糸を使います。糸は2重にして使い、ボタンの裏で糸の輪にくぐらせてから、ボタンつけにかかります。裏に力ボタンを添える場合も同様にします。

1　糸輪の中にくぐらせる

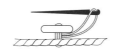

2　編み地の厚さによって、糸足を決める

3　糸足に糸を5～6回巻いて裏側に針を出し、裏の糸にくぐらせてとめる

割り糸

よじってあるところに、とじ針を入れて割る

1＝サイズ1　2＝サイズ2　3＝サイズ3　4＝サイズ4　5＝サイズ5
サイズ別の表示がない部分は共通

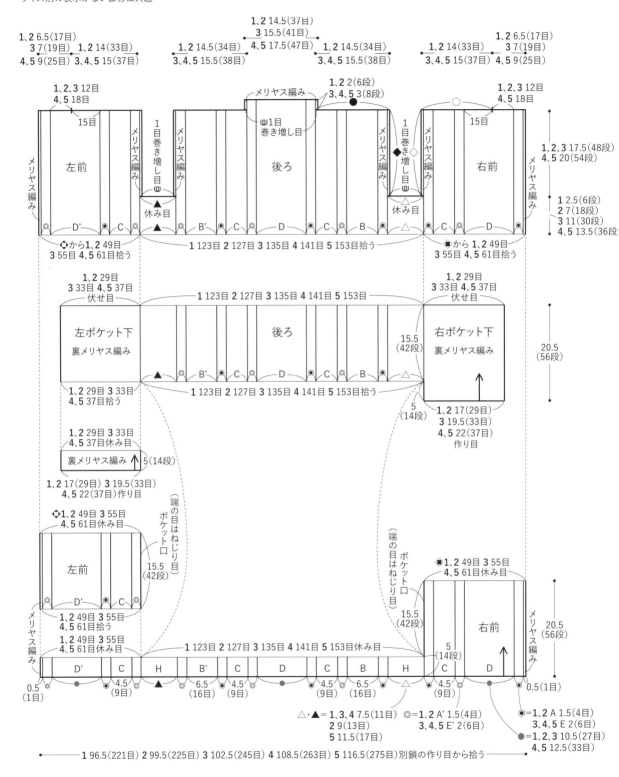

右前の模様編み　※サイズ2の記号図はp.66、67

サイズ1

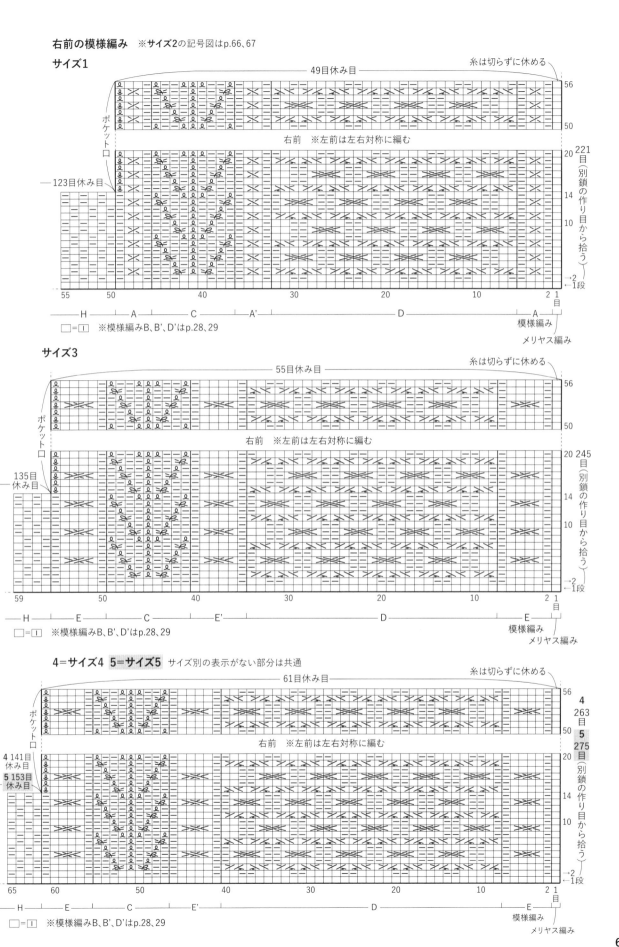

49目休み目　　　　　　　　　　　　　　　　糸は切らずに休める

ポケット口

右前　※左前は左右対称に編む

123目休み目

221目（別鎖の作り目から拾う）

→2
←1段

55　50　40　30　20　10　2 1目

H　A　C　A'　D　A

模様編み
メリヤス編み

□=工　※模様編みB、B'、D'はp.28、29

サイズ3

55目休み目　　　　　　　　　　　　　　　　糸は切らずに休める

ポケット口

右前　※左前は左右対称に編む

135目休み目

245目（別鎖の作り目から拾う）

→2
←1段

59　50　40　30　20　10　2 1目

H　E　C　E'　D　E

模様編み
メリヤス編み

□=工　※模様編みB、B'、D'はp.28、29

4＝サイズ4　5＝サイズ5　サイズ別の表示がない部分は共通

61目休み目　　　　　　　　　　　　　　　　糸は切らずに休める

ポケット口

右前　※左前は左右対称に編む

4 141目休み目
5 153目休み目

4 263目
5 275目（別鎖の作り目から拾う）

→2
←1段

65　60　50　40　30　20　10　2 1目

H　E　C　E'　D　E

模様編み
メリヤス編み

□=工　※模様編みB、B'、D'はp.28、29

65

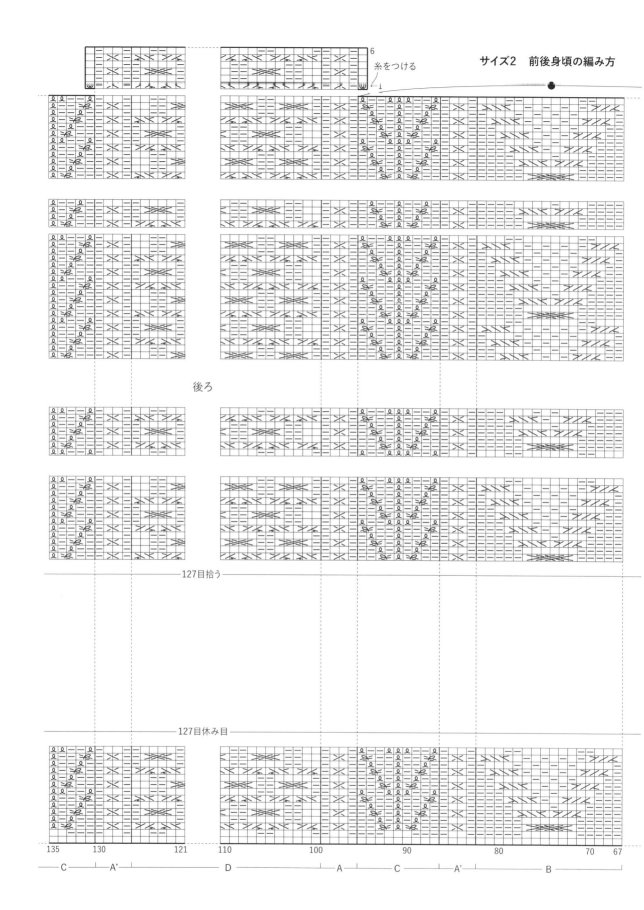

糸をつける

後ろ

127目拾う

127目休み目

135		130		121		110		100		90		80		70	67
C		A'				D		A		C		A'		B	

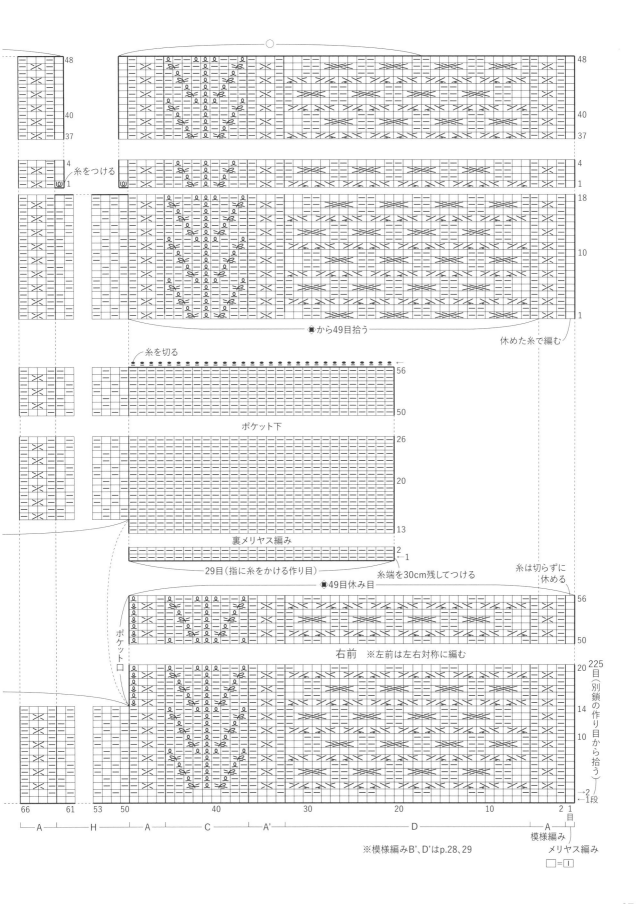

糸をつける

糸を切る

■から49目拾う

休めた糸で編む

ポケット下

裏メリヤス編み

29目(指に糸をかける作り目)

糸端を30cm残してつける

糸は切らずに休める

■49目休み目

ポケット口

右前　※左前は左右対称に編む

225目(別鎖の作り目から拾う)

←2
←1段

66　61　53　50　　　40　　　30　　　20　　　10　2 1目

A　H　A　C　A'　D　A

模様編み

メリヤス編み

□=□

※模様編みB'、D'はp.28、29

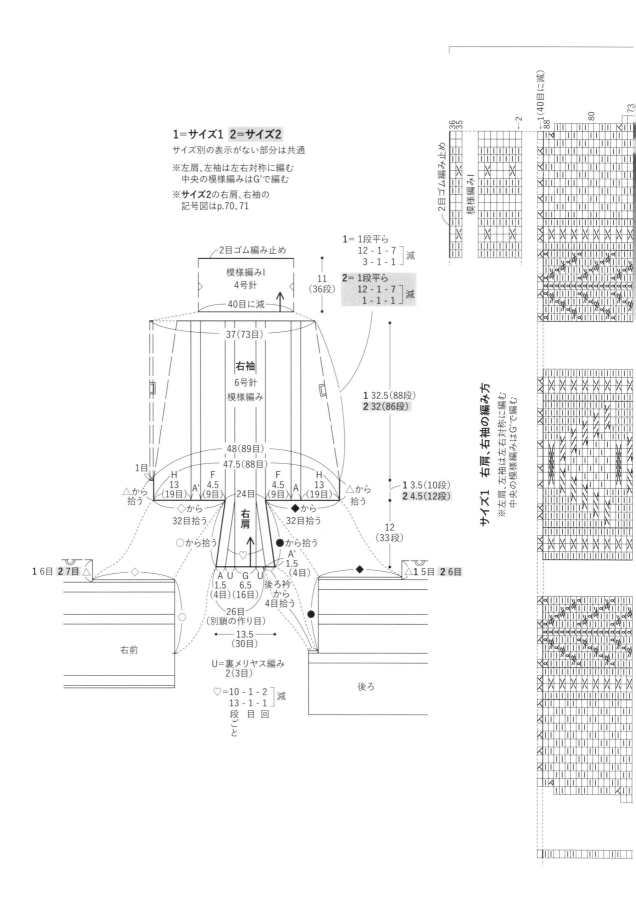

1=**サイズ1** 2=**サイズ2**
サイズ別の表示がない部分は共通

※左肩、左袖は左右対称に編む
　中央の模様編みはG'で編む

※**サイズ2**の右肩、右袖の
　記号図はp.70、71

2目ゴム編み止め

模様編みI
4号針

40目に減

37(73目)

右袖
6号針
模様編み

1= 1段平ら
　12 - 1 - 7 ⎤減
　3 - 1 - 1 ⎦

2= 1段平ら
　12 - 1 - 7 ⎤減
　1 - 1 - 1 ⎦

11
(36段)

1 32.5(88段)
2 32(86段)

48(89目)
47.5(88目)

H		F	A'		F		A		H
13		4.5			4.5				13
(19目)		(9目)		24目	(9目)				(19目)

△から拾う
◇から32目拾う

右肩
A'
1.5
(4目)

△から拾う
◆から32目拾う

○から拾う
●から拾う

1 3.5(10段)
2 4.5(12段)

12
(33段)

1 6目 2 7目
△ ◇

A	U	G	U
1.5		6.5	
(4目)		(16目)	

♡

後ろ衿
から
4目拾う

△ 1 5目 2 6目
◆

右前

26目
(別鎖の作り目)

13.5
(30目)

U=裏メリヤス編み
2(3目)

後ろ

♡=10 - 1 - 2 ⎤減
　13 - 1 - 1 ⎦
段　目　回
ご　　ご
と　　と

右端

36
35

2目ゴム編み止め

模様編みI

2

88
80
73

1(40目に減)

サイズ1　右肩、右袖の編み方

※左肩、左袖は左右対称に編む
　中央の模様編みはG'で編む

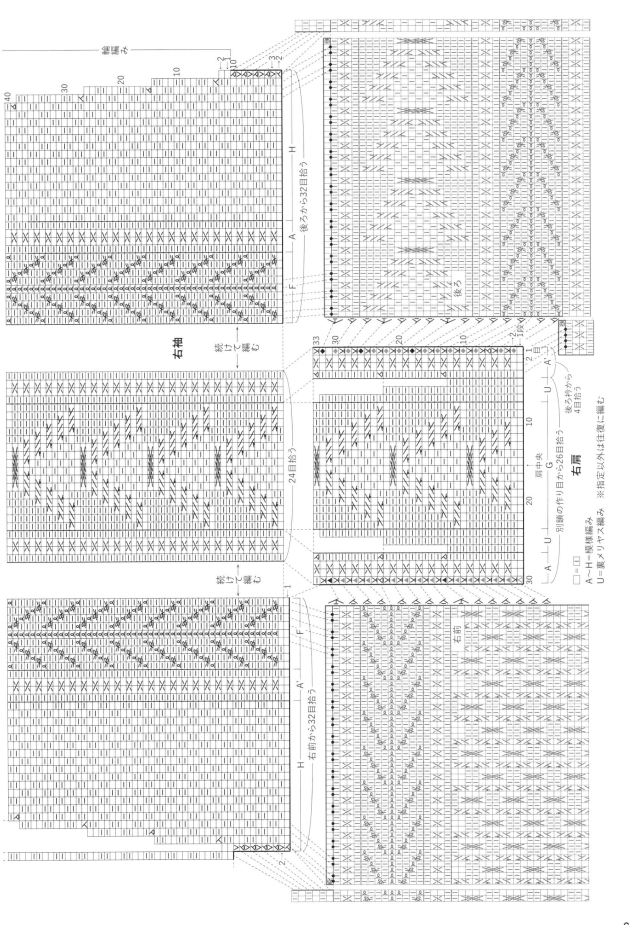

右袖

輪編み

続けて編む

右肩

肩中央

右前

別鎖の作り目から26目拾う

後ろ衿から4目拾う

後ろから32目拾う

24目拾う

続けて編む

右前から32目拾う

□=□

A〜H=模様編み
U=裏メリヤス編み ※指定以外は往復に編む

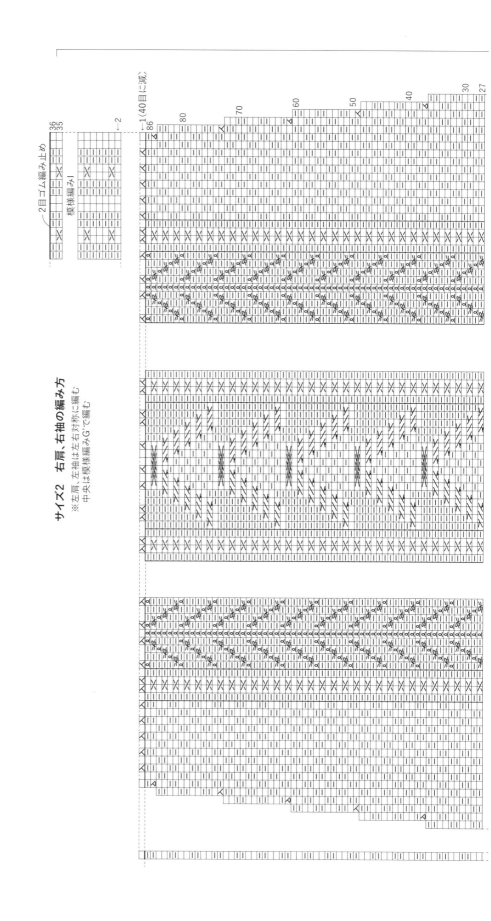

サイズ2　右肩、右袖の編み方

※左肩、左袖は左右対称に編む
中央は模様編みG'で編む

2目ゴム編み止め

模様編みI

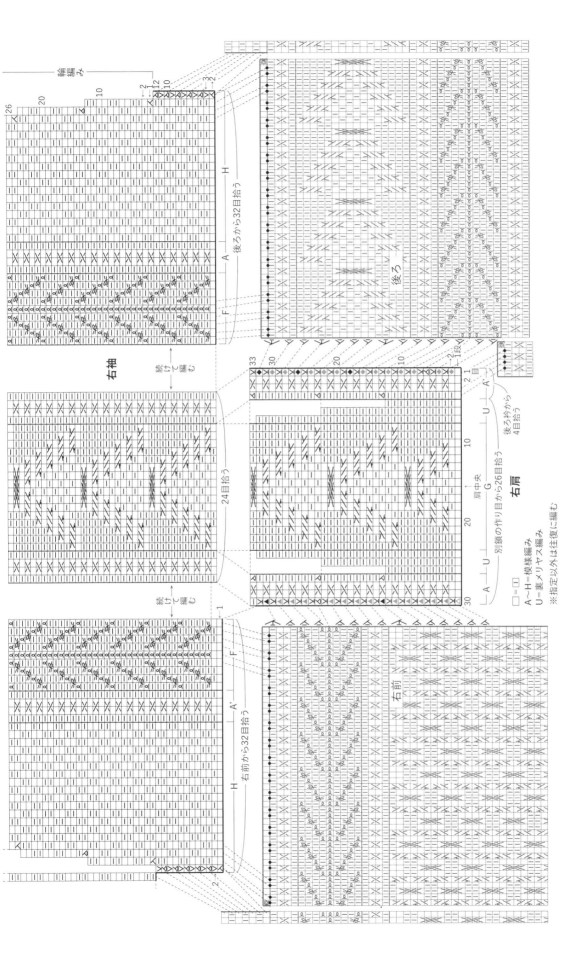

右袖

右肩

右前

後ろ

輪編み

続けて編む

続けて編む

後ろから32目拾う

右前から32目拾う

24目拾う

肩中央

別鎖の作り目から26目拾う

後ろ衿から4目拾う

□=□

A〜H=模様編み

U=裏メリヤス編み

糸指定以外は往復に編む

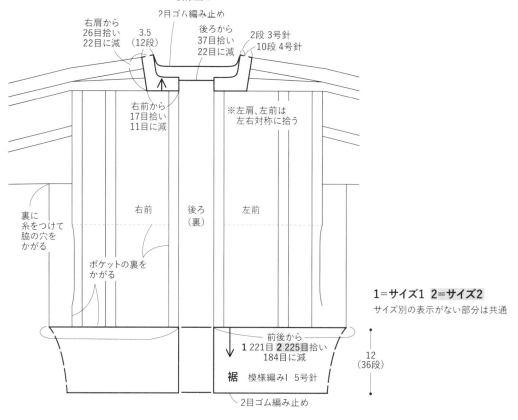

サイズ1、2共通　衿ぐり

模様編み I

2目ゴム編み止め

右肩から
26目拾い
22目に減

3.5
（12段）

後ろから
37目拾い
22目に減

2段　3号針
10段　4号針

右前から
17目拾い
11目に減

※左肩、左前は
左右対称に拾う

裏に
糸をつけて
脇の穴を
かがる

右前

後ろ
（裏）

左前

ポケットの裏を
かがる

1＝サイズ1　2＝サイズ2
サイズ別の表示がない部分は共通

前後から
1 221目 **2** 225目拾い
184目に減

12
（36段）

裾　模様編み I　5号針

2目ゴム編み止め

裾の編み方

1＝サイズ1　2＝サイズ2
サイズ別の表示がない部分は共通

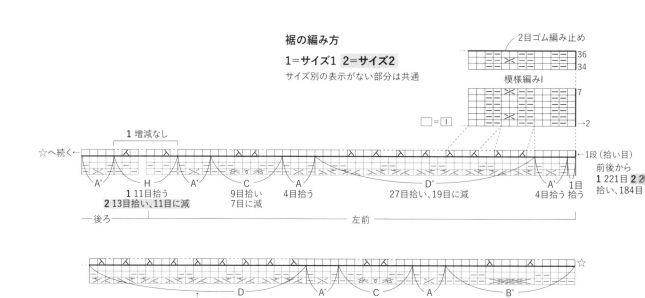

2目ゴム編み止め

36
34

模様編み I

7

□＝ I

2

1 増減なし

☆へ続く←

1段（拾い目）
前後から
1 221目 **2** 2
拾い、184目に減

A'

H
1 11目拾う
2 13目拾い、11目に減

A'

C
9目拾い
7目に減

A
4目拾う

D'
27目拾い、19目に減

A'
4目拾う

1目
拾う

後ろ

左前

D
27目拾い
18目に減

A'

C
9目拾い
7目に減

A

B'
16目拾い
14目に減

後ろ中央

後ろ

☆

※左右対称に拾う

1=サイズ1 2=サイズ2　衿ぐりの編み方
サイズ別の表示がない部分は共通

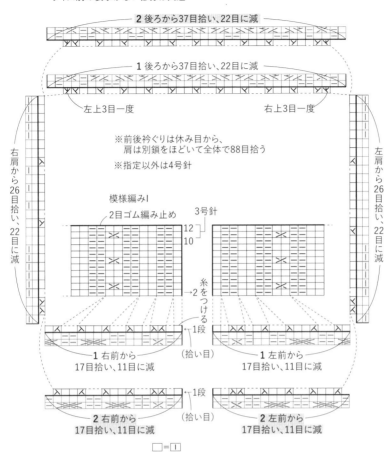

2 後ろから37目拾い、22目に減

1 後ろから37目拾い、22目に減

左上3目一度　　　　　　　右上3目一度

※前後衿ぐりは休み目から、
　肩は別鎖をほどいて全体で88目拾う

※指定以外は4号針

模様編みI

2目ゴム編み止め　　3号針

12
10

→2　糸をつける

1段（拾い目）

右肩から26目拾い、22目に減

左肩から26目拾い、22目に減

1 右前から
17目拾い、11目に減

1 左前から
17目拾い、11目に減

1段（拾い目）

2 右前から
17目拾い、11目に減

2 左前から
17目拾い、11目に減

□=I

1=サイズ1 2=サイズ2
サイズ別の表示がない部分は共通

前立て　1目ゴム編み　4号針

1=サイズ1 2=サイズ2
サイズ別の表示がない部分は共通

前立ての編み方　1目ゴム編み

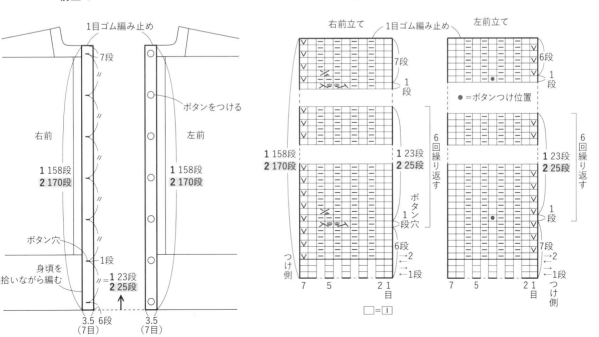

1目ゴム編み止め

7段

右前

1 158段
2 170段

ボタン穴

身頃を
拾いながら編む

1段

=**1** 23段
　2 25段

3.5 6段
（7目）

ボタンをつける

左前

1 158段
2 170段

1段

3.5
（7目）

右前立て　　1目ゴム編み止め　　左前立て

7段

1段

●=ボタンつけ位置

6段

1段

1 158段
2 170段

1 23段
2 25段

6回繰り返す

ボタン穴

1段

6段
→2
→1　1段

つけ側

7　　5　　2 1
目

1 23段
2 25段

6回繰り返す

1段

7段
→2
→1　1段

つけ側

7　　5　　2 1
目

□=I

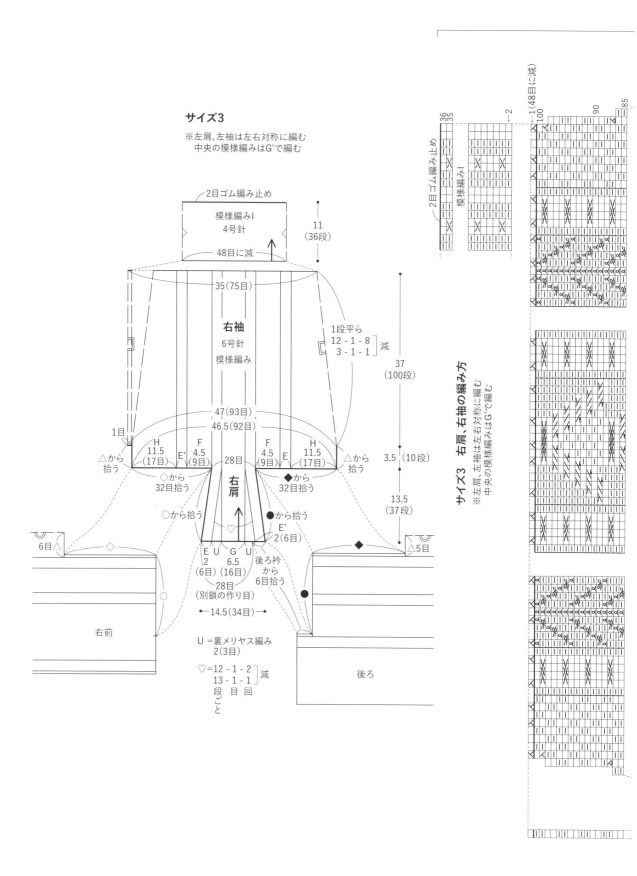

サイズ3

※左肩、左袖は左右対称に編む
中央の模様編みはG'で編む

2目ゴム編み止め

模様編みI
4号針

48目に減

11
(36段)

35(75目)

右袖
6号針
模様編み

1段平ら
12 - 1 - 8
3 - 1 - 1 } 減

37
(100段)

47(93目)
46.5(92目)

1目

H
11.5
(17目) E' F
4.5
(9目)

28目

F
4.5
(9目) E H
11.5
(17目)

△から
拾う

3.5 (10段)

△から
拾う

◇から
32目拾う

右肩

◆から
32目拾う

13.5
(37段)

○から拾う

♡

●から拾う

E'
2(6目)

6目△

◇

△5目

E
2
(6目) U G
6.5
(16目) U

後ろ衿
から
6目拾う

●から拾う

28目
(別鎖の作り目)

右前

←14.5(34目)→

後ろ

U =裏メリヤス編み
2(3目)

♡=12 - 1 - 2
13 - 1 - 1 } 減
段 目 回
ご と

36
35

2目ゴム編み止め
模様編みI

2

100
90
85

1(48目に減)

サイズ3　右肩、右袖の編み方

※左肩、左袖は左右対称に編む
中央の模様編みはG'で編む

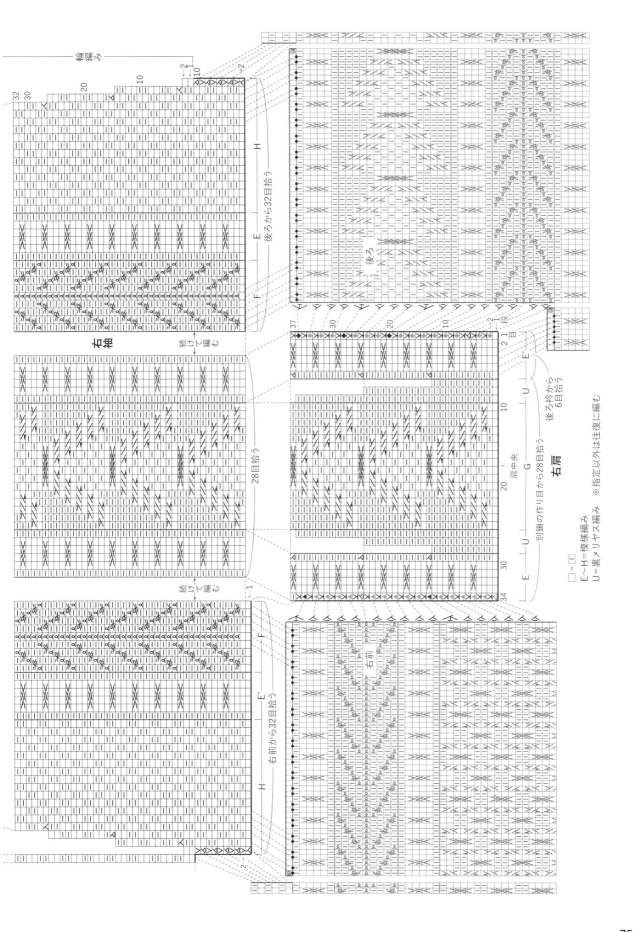

右袖

右前

後ろ

右肩

輪編み

続けて編む

後ろから32目拾う

右前から32目拾う

28目拾う

後ろ衿から6目拾う

別鎖の作り目から28目拾う

肩中央

□=☐
E～H=模様編み
U=裏メリヤス編み
※指定以外は往復に編む

サイズ3 衿ぐり 模様編みⅠ

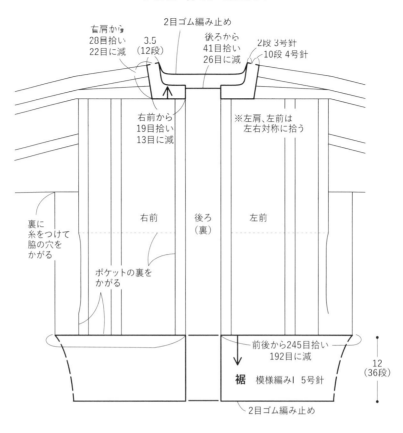

左肩から
28目拾い
22目に減

3.5
(12段)

2目ゴム編み止め

後ろから
41目拾い
26目に減

2段 3号針
10段 4号針

右前から
19目拾い
13目に減

※左肩、左前は
左右対称に拾う

裏に
糸をつけて
脇の穴を
かがる

右前

後ろ
(裏)

左前

ポケットの裏を
かがる

前後から245目拾い
192目に減

裾　模様編みⅠ 5号針

12
(36段)

2目ゴム編み止め

サイズ3 裾の編み方

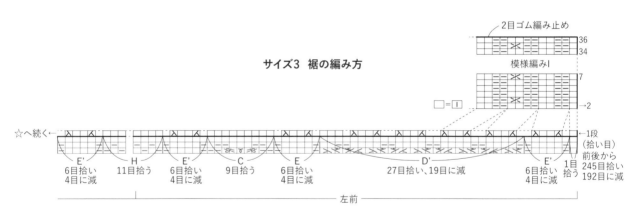

2目ゴム編み止め

模様編みⅠ

□＝Ι

36
34

7

→2

☆へ続く←

E'
6目拾い
4目に減

H
11目拾う

E'
6目拾い
4目に減

C
9目拾う

E
6目拾い
4目に減

D'
27目拾い、19目に減

E'
6目拾い
4目に減

1目
拾う

1段
(拾い目)
前後から
245目拾い
192目に減

左前

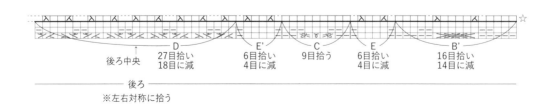

後ろ中央

D
27目拾い
18目に減

E'
6目拾い
4目に減

C
9目拾う

E
6目拾い
4目に減

B'
16目拾い
14目に減

☆

後ろ

※左右対称に拾う

サイズ3　衿ぐりの編み方

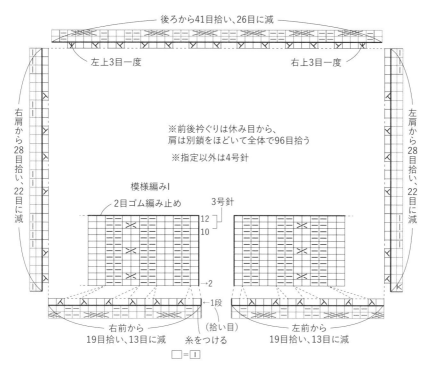

後ろから41目拾い、26目に減

左上3目一度　　　　　　右上3目一度

右肩から28目拾い、22目に減　　　　　　左肩から28目拾い、22目に減

※前後衿ぐりは休み目から、
肩は別鎖をほどいて全体で96目拾う

※指定以外は4号針

模様編みI

2目ゴム編み止め　　3号針

12
10

→2

→1段

右前から19目拾い、13目に減　　　　（拾い目）糸をつける　　左前から19目拾い、13目に減

□＝囗

サイズ3　前立て

1目ゴム編み　4号針

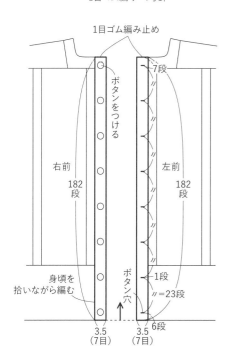

1目ゴム編み止め

7段

ボタンをつける

右前　182段　　　左前　182段

身頃を拾いながら編む

1段

ボタン穴

//　23段

3.5（7目）　3.5（7目）　6段

サイズ3　前立ての編み方　1目ゴム編み

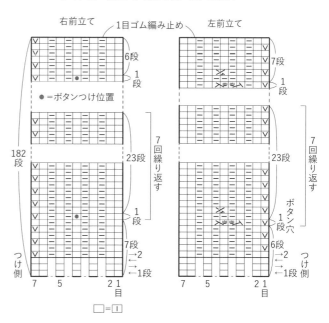

右前立て　　1目ゴム編み止め　　左前立て

6段

1段

●＝ボタンつけ位置

7段

1段

182段

7回繰り返す

23段

1段

ボタン穴　1段

7段　→2　←1段

つけ側

7　5　2 1目

7段

1段

7回繰り返す

23段

ボタン穴　1段

6段　→2　←1段

つけ側

7　5　2 1目

□＝囗

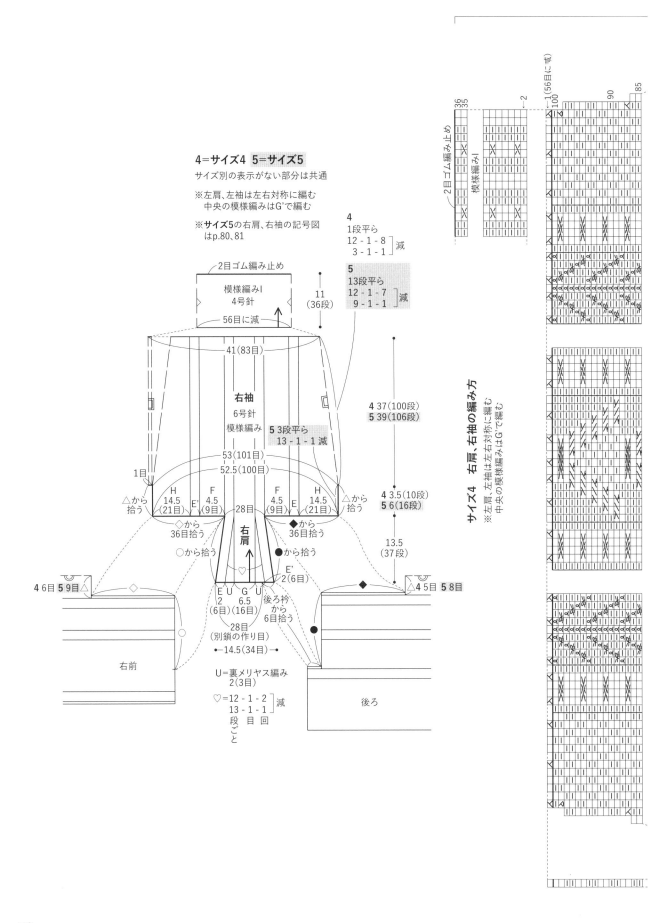

4=サイズ4 **5**=サイズ5

サイズ別の表示がない部分は共通

※左肩、左袖は左右対称に編む
　中央の模様編みはG'で編む

※**サイズ5**の右肩、右袖の記号図
　はp.80、81

4
1段平ら
12 - 1 - 8]減
　3 - 1 - 1]

5
13段平ら
12 - 1 - 7]減
　9 - 1 - 1]

2目ゴム編み止め
模様編みI
4号針

56目に減

11
(36段)

41(83目)

右袖
6号針
模様編み

5 3段平ら
13 - 1 - 1 減

4 37(100段)
5 39(106段)

53(101目)
52.5(100目)

1目

△から
拾う

H
14.5
(21目)

F
4.5
(9目)

E'

28目

F
4.5
(9目)

E
14.5
(21目)

△から
拾う

◇から
36目拾う

◆から
36目拾う

4 3.5(10段)
5 6(16段)

○から拾う

右肩

●から拾う

13.5
(37段)

E'
2(6目)

4 6目 **5** 9目

◇

○

4 5目 **5** 8目

◆

●

右前

E
2
(6目)

U
6.5
(16目)

G

U

後ろ衿
から
6目拾う

28目
(別鎖の作り目)

←14.5(34目)→

U=裏メリヤス編み
2(3目)

♡=12 - 1 - 2]減
　13 - 1 - 1]
　段　目　回
　　ご　　
　　と

後ろ

サイズ4　右肩、右袖の編み方

※左肩、左袖は左右対称に編む
中央の模様編みはG'で編む

2目ゴム編み止め

模様編みI

36
35

2

−1(56目に減)
100

90

85

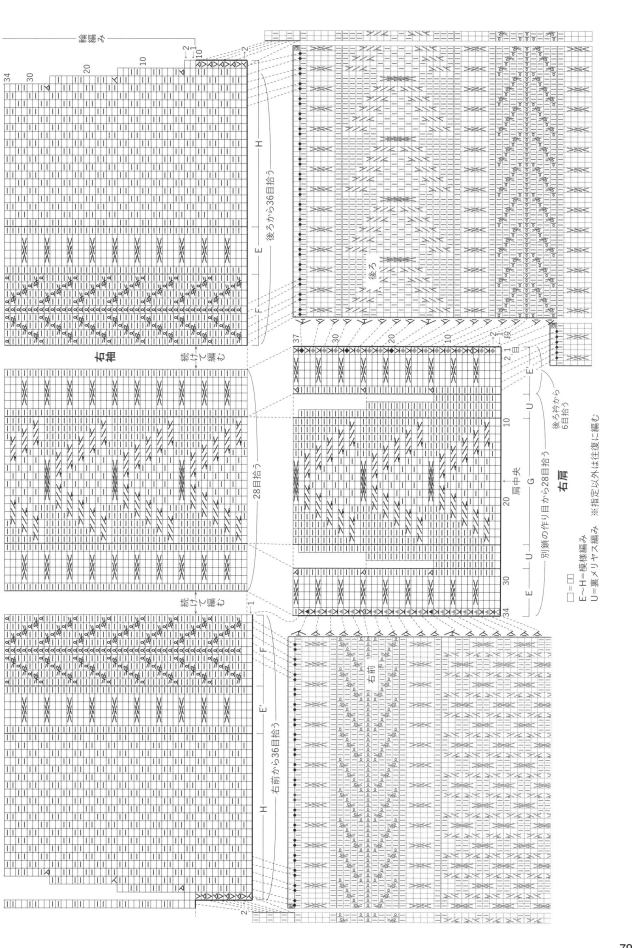

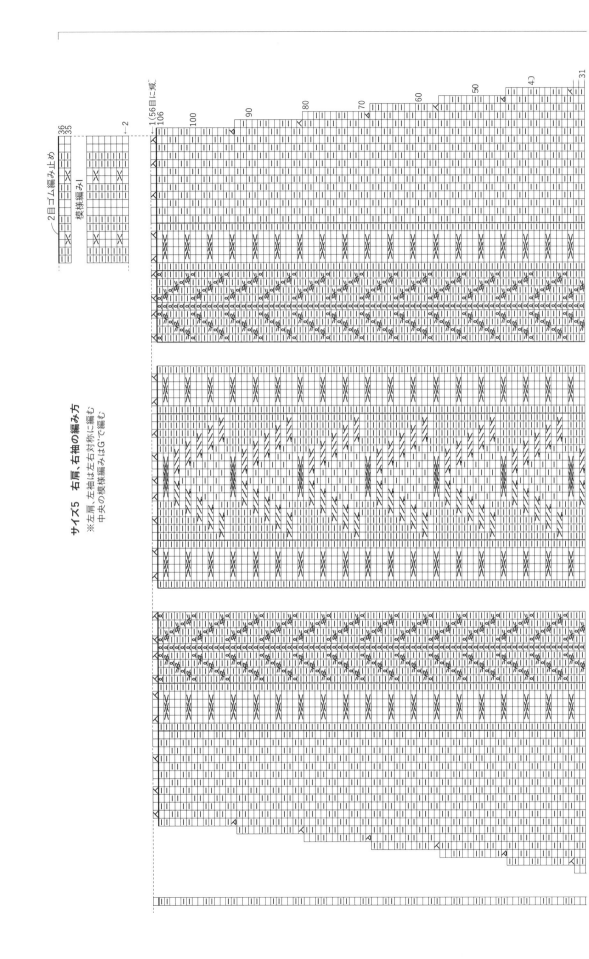

サイズ5　右肩、右袖の編み方

※左肩、左袖は左右対称に編む
中央の模様編みはG'で編む

2目ゴム編み止め

模様編み I

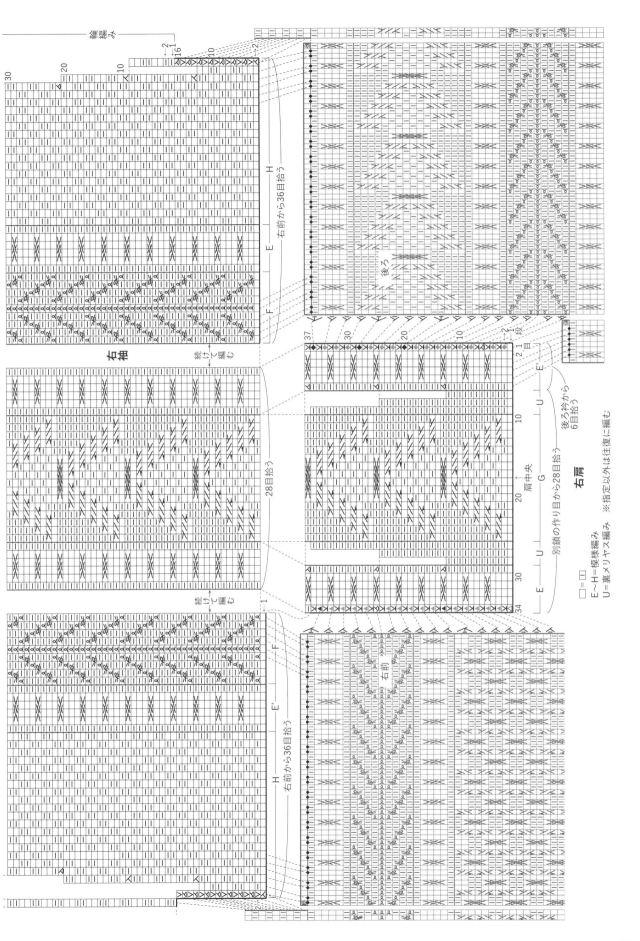

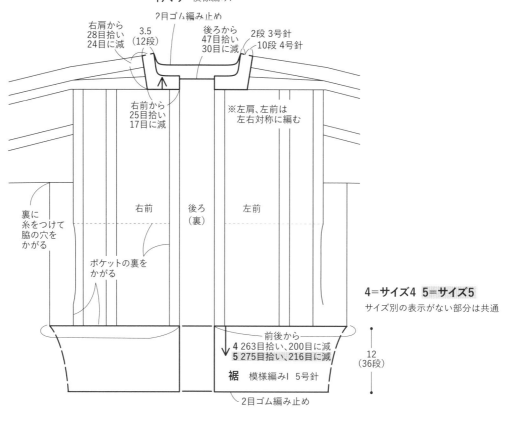

サイズ4、5共通

衿ぐり 模様編みI

2目ゴム編み止め

右肩から
28目拾い
24目に減

3.5
(12段)

後ろから
47目拾い
30目に減

2段 3号針
10段 4号針

右前から
25目拾い
17目に減

※左肩、左前は
左右対称に編む

裏に
糸をつけて
脇の穴を
かがる

右前

後ろ
(裏)

左前

ポケットの裏を
かがる

4＝サイズ4 5＝サイズ5

サイズ別の表示がない部分は共通

前後から
4 263目拾い、200目に減
5 275目拾い、216目に減

裾 模様編みI 5号針

2目ゴム編み止め

12
(36段)

裾の編み方

4＝サイズ4 5＝サイズ5

サイズ別の表示がない部分は共通

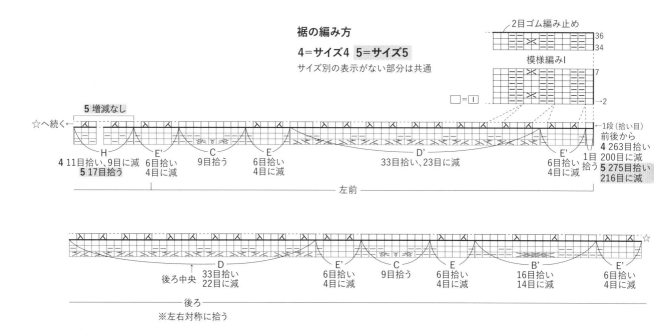

2目ゴム編み止め

模様編みI

□ = |

5 増減なし

☆へ続く←

H
4 11目拾い、9目に減
5 17目拾う

E'
6目拾い
4目に減

C
9目拾う

E
6目拾い
4目に減

D'
33目拾い、23目に減

E'
6目拾い
4目に減

1目
拾う

1段(拾い目)
前後から
4 263目拾い
200目に減
5 275目拾い
216目に減

左前

後ろ中央

D
33目拾い
22目に減

E'
6目拾い
4目に減

C
9目拾う

E
6目拾い
4目に減

B'
16目拾い
14目に減

E'
6目拾い
4目に減

☆

後ろ

※左右対称に拾う

サイズ4、5共通　衿ぐりの編み方

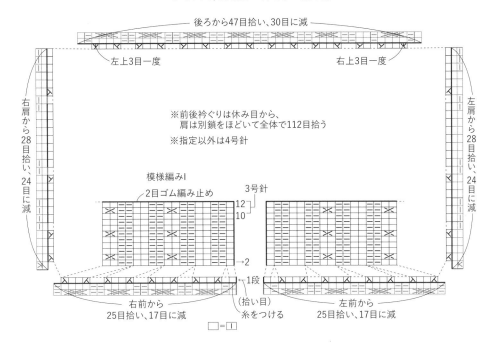

後ろから47目拾い、30目に減

左上3目一度　　　　　　　　　　　右上3目一度

右肩から28目拾い、24目に減

左肩から28目拾い、24目に減

※前後衿ぐりは休み目から、
　肩は別鎖をほどいて全体で112目拾う

※指定以外は4号針

模様編みI

2目ゴム編み止め　3号針

12
10

→2

1段

右前から
25目拾い、17目に減

(拾い目)
糸をつける

左前から
25目拾い、17目に減

□=Ⅰ

サイズ4、5共通

前立て　1目ゴム編み　4号針

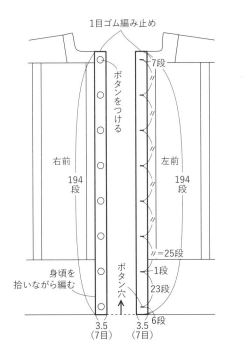

1目ゴム編み止め

7段

ボタンをつける

右前
194段

左前
194段

ボタン穴

身頃を
拾いながら編む

//=25段
1段
23段
6段

ボタン穴↑

3.5
(7目)

3.5
(7目)

サイズ4、5共通　前立ての編み方　1目ゴム編み

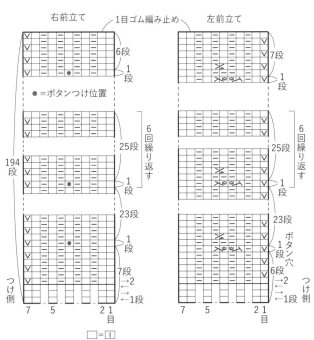

右前立て　1目ゴム編み止め　左前立て

6段
1段
7段

●=ボタンつけ位置

6回繰り返す

25段
1段

194段

23段
1段

7段
→2
1段

つけ側

6回繰り返す

25段
1段

23段
1段
ボタン穴
6段
→2
1段

つけ側

7　　5　　2 1目

7　　5　　2 1目

□=Ⅰ

VEST

size1／写真 p.12／編み方 p.84、85、88、90、91
size2／編み方 p.84～87、90、91
size3／写真 p.6、7／編み方 p.84、85、88、92、93
size4／写真 p.18／編み方 p.84、85、89、94、95
size5／編み方 p.84、85、89、94、95

※糸以外は size1～5共通
【糸】ジェイミソンズ シェットランド スピンドリフト（25g玉巻き）
　　size1／ダークブラウンと黒の杢（117 Moorit/Black）…14玉
　　size2／16玉
　　size3／生成りとベージュの杢（114 Mooskit/White）…18玉
　　size4／チャコールグレー（102 Shaela）…20玉
　　size5／22玉
【用具】6号・5号60cm輪針、4号・3号4本棒針
【ゲージ】※糸はすべて2本どり、指定以外は6号針
　　模様編みA、A'　4目が1.5cm、27段が10cm
　　模様編みB、B'　16目が6.5cm、27段が10cm
　　模様編みD　　　27目が10.5cm、27段が10cm
　　　　　　　　　　33目が12.5cm、27段が10cm
　　模様編みE、E'　6目が2cm、27段が10cm
　　模様編みF　　　9目が4.5cm、27段が10cm
　　模様編みH　　　14.5目27段が10cm四方
　　模様編みI（4号針）22目32段が10cm四方
　　　　　　　（5号針）19目30段が10cm四方
【サイズ】p.26のサイズガイドを参照してください。

【編み方】p.31～33プロセス写真も参照してください。
糸は2本どりで編みます。
前後身頃は6号60cm輪針を使用し、裾から別鎖の作り目をして輪に編み始めます。模様編みで増減なく編みます。脇まで編んだら、指定の目数を休み目にし、続けて前身頃を往復に編みますが、図のように袖ぐりの減し目をします。後ろ身頃は糸をつけて、前身頃と同様に編み、衿ぐりに糸をつけて前後差を編みます。編終りは休み目にします。前後右肩の休み目に6号60cm輪針を脇側から通します。肩は別鎖の作り目をして模様編みで往復に編みますが、後ろ衿ぐりから拾い目をして、両端の目と休み目を編みつなぎます。続けて袖ぐりを模様編みIで輪に編みます。編終りは2目ゴム編み止めにします。左肩、左袖ぐりは左右対称に編みます。衿ぐり、裾は別鎖をほどきながら針に目を移し、裾は5号60cm輪針、衿ぐりは4号針、3号針で模様編みIを輪に編み、裾は前後に分けて写真を参照して編みます。編終りは2目ゴム編み止めにします。仕上げ洗いをします。

前裾の編み方

わかりやすいように、前裾の色を変えています

1　裾の模様編みIを輪に6段編んだら、前裾を休み目にします。続けて後ろ裾を往復に30段編み、編終りは2目ゴム編み止めにします。

2　後ろ裾を手前に倒し、後ろ裾6段めの端から2目内側の横に渡った下向きの目を矢印のように針を入れます。糸をかけて引き出し、表目を編みます。

3　続けて、左隣の目に針を入れて表目を編みます。

4　前裾の端2目が編めました。続けて、針にかかっている休み目から拾って、前裾の模様編みIを編みます。反対側の端2目も同様に、後ろ裾を手前に倒して2目拾います。

5　往復に18段編み、編終りは2目ゴム編み止めにします。前後の裾が編めました。

サイズ別の表示がない部分は共通

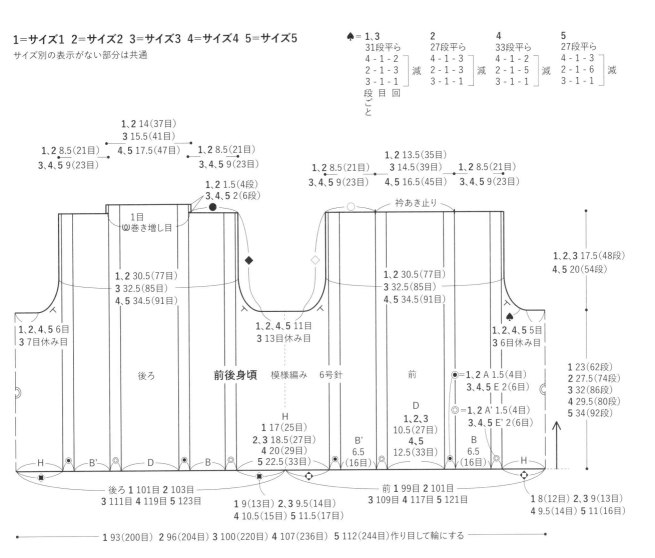

♠ = 1、3
31段平ら
4-1-2
2-1-3 } 減
3-1-1
段目回
ごと

2
27段平ら
4-1-3
2-1-3 } 減
3-1-1

4
33段平ら
4-1-2
2-1-5 } 減
3-1-1

5
27段平ら
4-1-3
2-1-6 } 減
3-1-1

1、2 14(37目)
3 15.5(41目)
4、5 17.5(47目)

1、2 8.5(21目)
3、4、5 9(23目)

1、2 8.5(21目)
3、4、5 9(23目)

1、2 13.5(35目)
3 14.5(39目)
4、5 16.5(45目)

1、2 8.5(21目)
3、4、5 9(23目)

1、2 8.5(21目)
3、4、5 9(23目)

1、2 1.5(4段)
3、4、5 2(6段)

1目
巻き増し目

衿あき止り

1、2、3 17.5(48段)
4、5 20(54段)

1、2 30.5(77目)
3 32.5(85目)
4、5 34.5(91目)

1、2 30.5(77目)
3 32.5(85目)
4、5 34.5(91目)

1、2、4、5 6目
3 7目休み目

1、2、4、5 11目
3 13目休み目

1、2、4、5 5目
3 6目休み目

後ろ

前後身頃 模様編み 6号針

前

●=1、2 A 1.5(4目)
3、4、5 E 2(6目)

◎=1、2 A' 1.5(4目)
3、4、5 E' 2(6目)

1 23(62段)
2 27.5(74段)
3 32(86段)
4 29.5(80段)
5 34(92段)

H
1 17(25目)
2、3 18.5(27目)
4 20(29目)
5 22.5(33目)

D

B'
6.5
(16目)

D
1、2、3
10.5(27目)
4、5
12.5(33目)

B
6.5
(16目)

H B' D B H

後ろ 1 101目 2 103目
3 111目 4 119目 5 123目

1 9(13目) 2、3 9.5(14目)
4 10.5(15目) 5 11.5(17目)

前 1 99目 2 101目
3 109目 4 117目 5 121目

1 8(12目) 2、3 9(13目)
4 9.5(14目) 5 11(16目)

1 93(200目) 2 96(204目) 3 100(220目) 4 107(236目) 5 112(244目)作り目して輪にする

模様編みは 1 p.88 2 p.86、87 3 p.88 4 p.89 5 p.89

裾 前裾、後ろ裾の編み方は 1、2 p.91 3 p.93 4、5 p.95

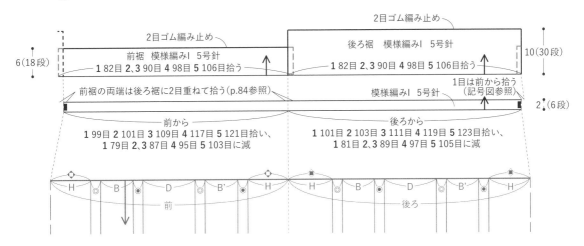

2目ゴム編み止め

2目ゴム編み止め
後ろ裾 模様編みI 5号針
1 82目 2、3 90目 4 98目 5 106目拾う

前裾 模様編みI 5号針
1 82目 2、3 90目 4 98目 5 106目拾う

6(18段)

10(30段)

前裾の両端は後ろ裾に2目重ねて拾う(p.84参照)

模様編みI 5号針

1目は前から拾う
(記号図参照)

2(6段)

前から
1 99目 2 101目 3 109目 4 117目 5 121目拾い、
1 79目 2、3 87目 4 95目 5 103目に減

後ろから
1 101目 2 103目 3 111目 4 119目 5 123目拾い、
1 81目 2、3 89目 4 97目 5 105目に減

H B D B' H H H B D B' H

前 後ろ

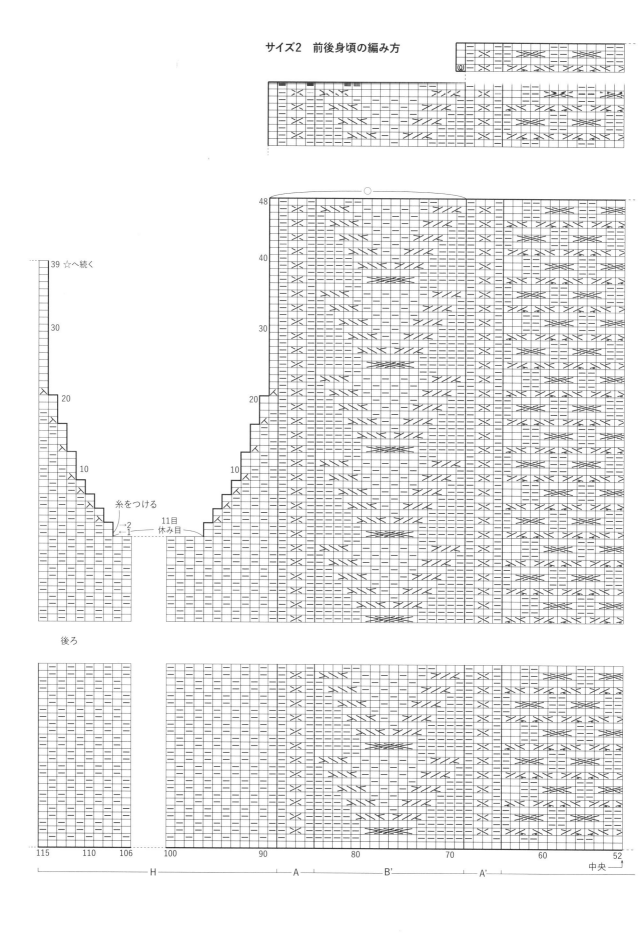

サイズ2　前後身頃の編み方

39 ☆へ続く

30

20

10

糸をつける

→2
←1

11目
休み目

後ろ

115　110　106　　100　　90　　80　　70　　60　　52

H　　A　　B'　　A'　　中央

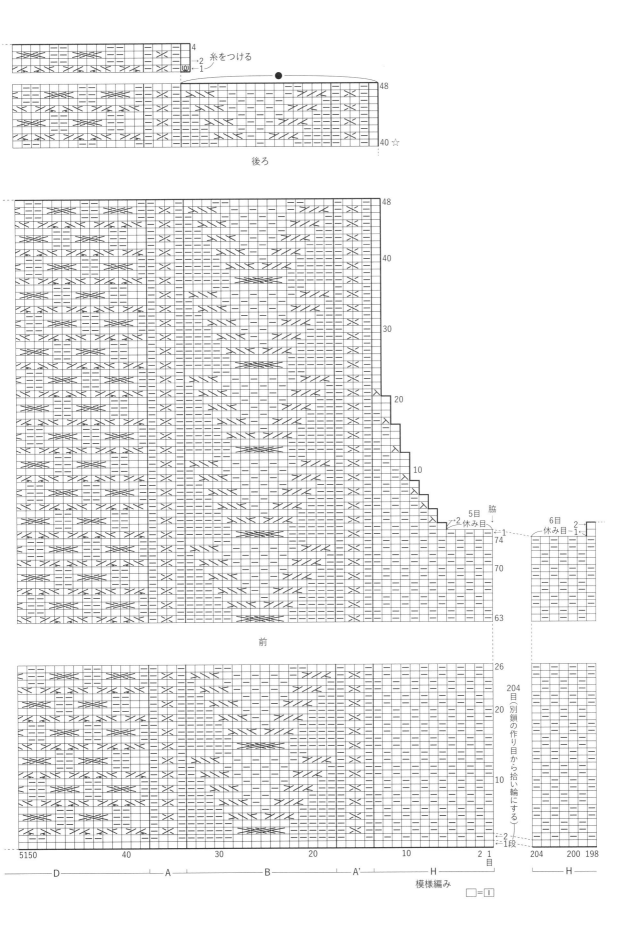

糸をつける

後ろ

前

脇

5目
2 休み目

6目
休み目 -1

204目（別鎖の作り目から拾い輪にする）

模様編み

□ = ﹉

D — A — B — A' — H

H

前後身頃の模様編み、袖ぐりの減し方

サイズ1

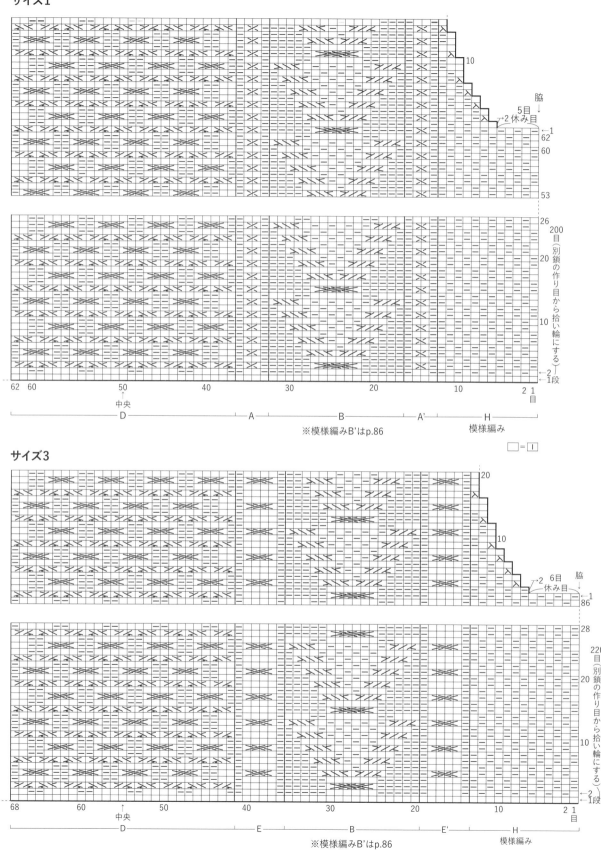

※模様編みB'はp.86

□ = □

サイズ3

※模様編みB'はp.86

□ = □

88

袖ぐりの減し方
サイズ4

サイズ5

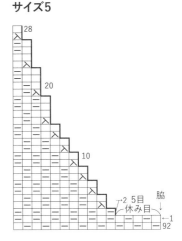

サイズ4、5　模様編み

4＝サイズ4　5＝サイズ5

サイズ別の表示がない部分は共通

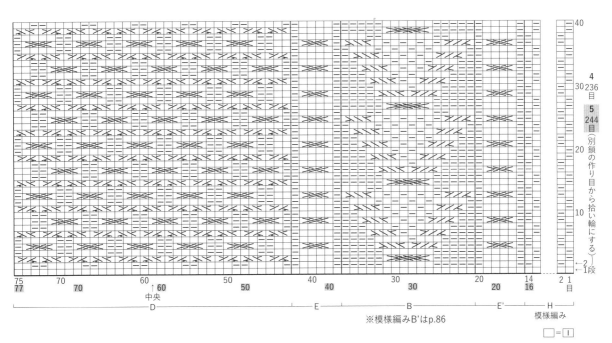

4
30 236
目
5
244
目（別鎖の作り目から拾い輪にする）
20

10

2
1 段

※模様編みB'はp.86

□=□

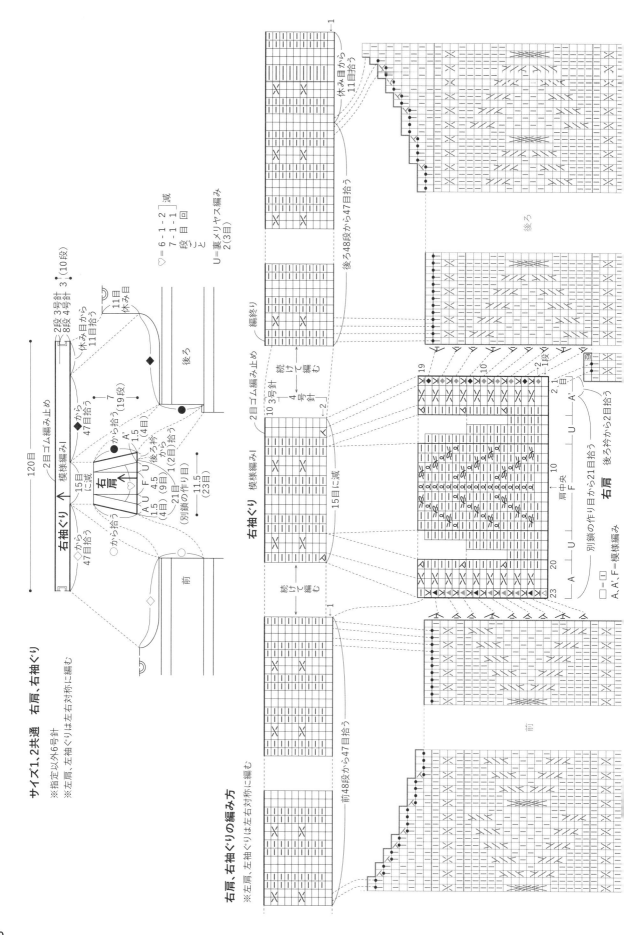

サイズ1,2共通 右肩、右袖ぐり

※指定以外6号針
※左右肩、左袖ぐりは左右対称に編む

120目

2目ゴム編み止め

2段 3号針
8段 4号針 ` 3 (10段)

休み目から
11目拾う

模様編み

右袖ぐり

15目に減

右肩

A U F U
1.5 4.5 1.5
(4目)(9目)(4目)

21目
(別鎖の作り目)

11.5
(23目)

47目拾う から から拾う

7
47目拾う

から

A'
1.5
(4目)
U
(後ろ衿)

1(2目)拾う

(19段)

後ろ

前

11目
休み目

◇ = 6 - 1 - 2] 減
7 - 1 - 1 目
段 回
ごと
U=裏メリヤス編み
2(3目)

右肩、右袖ぐりの編み方

※左右肩、左袖ぐりは左右対称に編む

編終り

後ろ48段から47目拾う

後ろ衿拾う21目から2目拾う

2目ゴム編み止め

続けて編む

10 3号針
4号針

右袖ぐり 模様編み

15目に減

続けて編む

19

10

2,1

後ろ

1段目

後ろ

前48段から47目拾う

肩中央

別鎖の作り目から21目拾う

右肩

A U F U A'

20

23

A、A'、F=模様編み

□=□

前

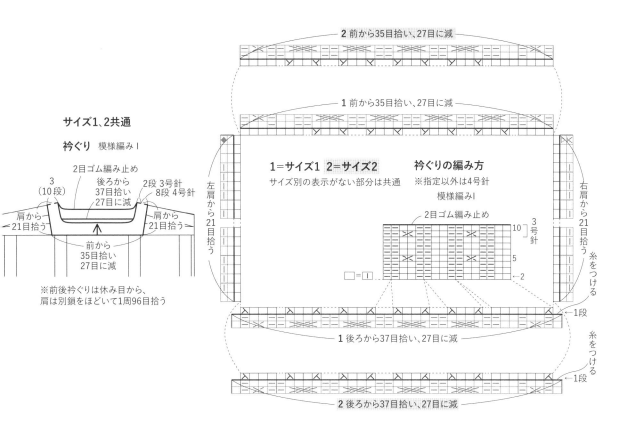

サイズ1、2共通

衿ぐり 模様編みI

2目ゴム編み止め

3
(10段)

後ろから
37目拾い
27目に減

2段 3号針
8段 4号針

肩から
21目拾う

肩から
21目拾う

前から
35目拾い
27目に減

※前後衿ぐりは休み目から、
肩は別鎖をほどいて1周96目拾う

2 前から35目拾い、27目に減

1 前から35目拾い、27目に減

左肩から21目拾う

右肩から21目拾う

1＝サイズ1　2＝サイズ2
サイズ別の表示がない部分は共通

衿ぐりの編み方
※指定以外は4号針
模様編みI

2目ゴム編み止め

3号針

10

5

2

□＝I

糸をつける

糸をつける

1段

1段

1 後ろから37目拾い、27目に減

2 後ろから37目拾い、27目に減

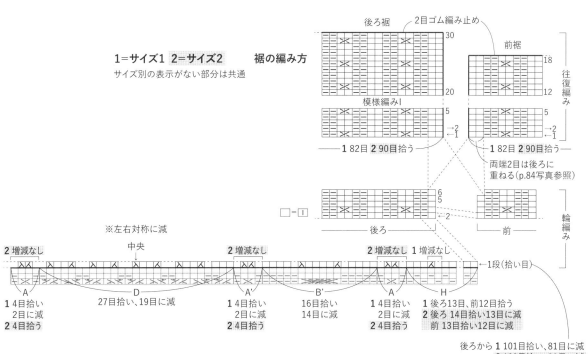

1＝サイズ1　2＝サイズ2
サイズ別の表示がない部分は共通

裾の編み方

後ろ裾

2目ゴム編み止め

前裾

30

18

20

12

往復編み

模様編みI

5

5

→2
←1

→2
←1

―1 82目 2 90目拾う―

―1 82目 2 90目拾う―

両端2目は後ろに
重ねる(p.84写真参照)

6
5

2

□＝I

―後ろ―

―前―

輪編み

※左右対称に減

中央

2 増減なし

2 増減なし

2 増減なし

1 増減なし

1段(拾い目)

A

D
27目拾い、19目に減

A'

B'
16目拾い
14目に減

A

H

1 4目拾い
2目に減
2 4目拾う

1 4目拾い
2目に減
2 4目拾う

1 4目拾い
2目に減
2 4目拾う

1 後ろ13目、前12目拾う
2 後ろ 14目拾い13目に減
前 13目拾い12目に減

後ろから 1 101目拾い、81目に減
2 103目拾い、89目に減

前から 1 99目拾い、79目に減
2 101目拾い、87目に減

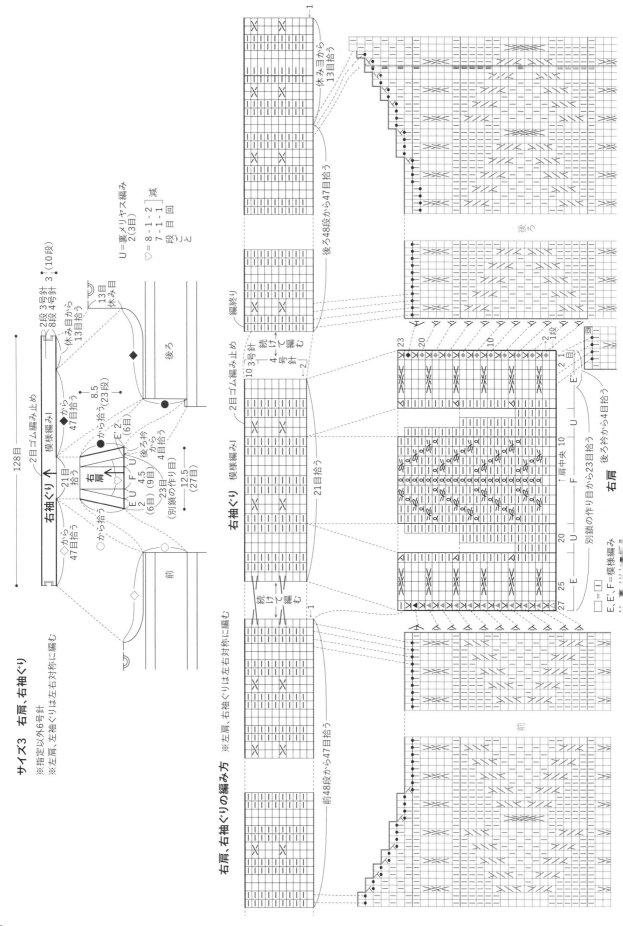

サイズ3 右肩、右袖ぐり

※指定以外6号針
※左肩、左袖ぐりは左右対称に編む

右肩、右袖ぐりの編み方 ※左肩、右袖ぐりは左右対称に編む

サイズ3　衿ぐり　模様編みI

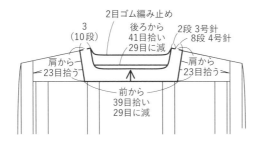

2目ゴム編み止め
3
（10段）
後ろから
41目拾い
29目に減
2段 3号針
8段 4号針
肩から
←23目拾う
肩から
23目拾う→
前から
39目拾い
29目に減

※前後衿ぐりは休み目から、
　肩は別鎖をほどいて1周104目拾う

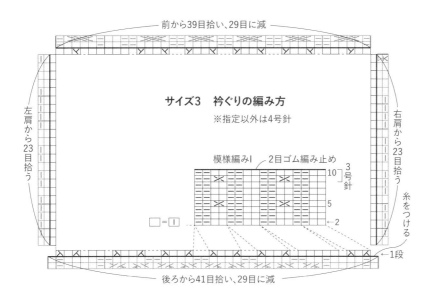

前から39目拾い、29目に減

左肩から23目拾う

サイズ3　衿ぐりの編み方
※指定以外は4号針

模様編みI　2目ゴム編み止め
10　3号針
5
□=Ｉ
←2
右肩から23目拾う
糸をつける
←1段

後ろから41目拾い、29目に減

サイズ3
裾の編み方
模様編みI　5号針

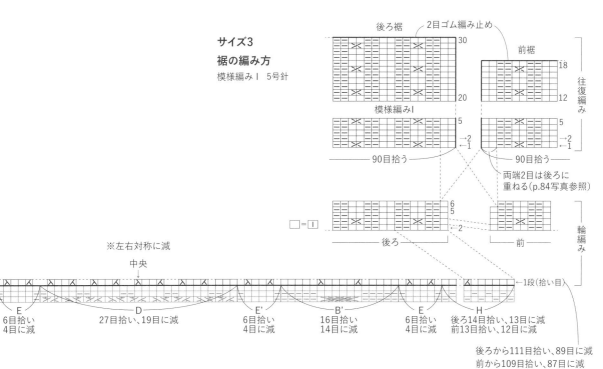

後ろ裾　2目ゴム編み止め
30
前裾
18
往復編み
20
12
模様編みI
5
5
→2
←1
→2
←1
90目拾う
90目拾う
両端2目は後ろに重ねる(p.84写真参照)

□=Ｉ
6
5
←2
後ろ
前
輪編み

※左右対称に減
中央
←1段(拾い目)

E
6目拾い
4目に減

D
27目拾い、19目に減

E'
6目拾い
4目に減

B'
16目拾い
14目に減

E
6目拾い
4目に減

H
後ろ14目拾い、13目に減
前13目拾い、12目に減

後ろから111目拾い、89目に減
前から109目拾い、87目に減

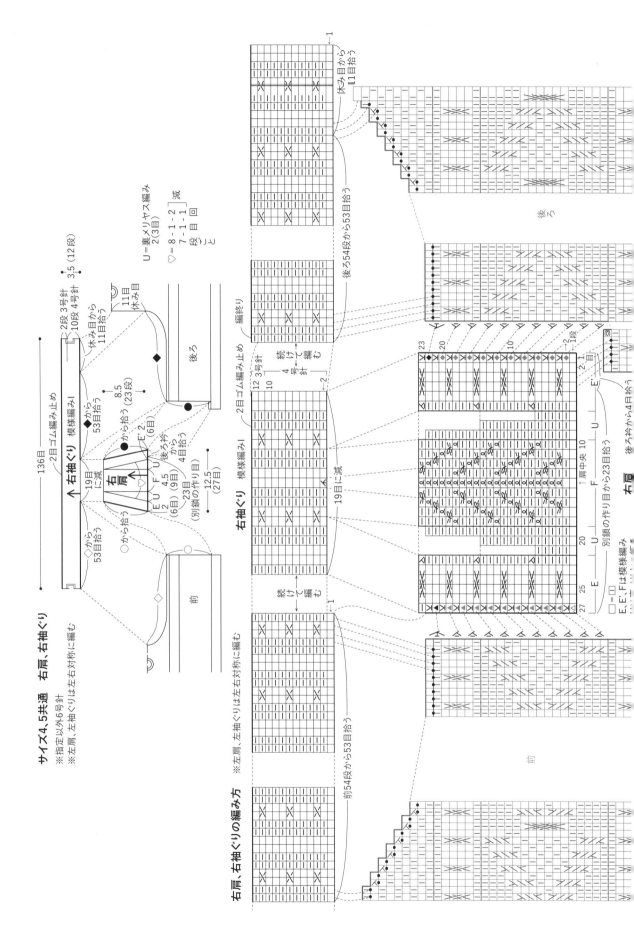

サイズ4、5共通 右肩、右袖ぐり

※指定以外6号針

※左肩、左袖ぐりは左右対称に編む

右肩、右袖ぐりの編み方 ※左肩、左袖ぐりは左右対称に編む

衿ぐりの編み方

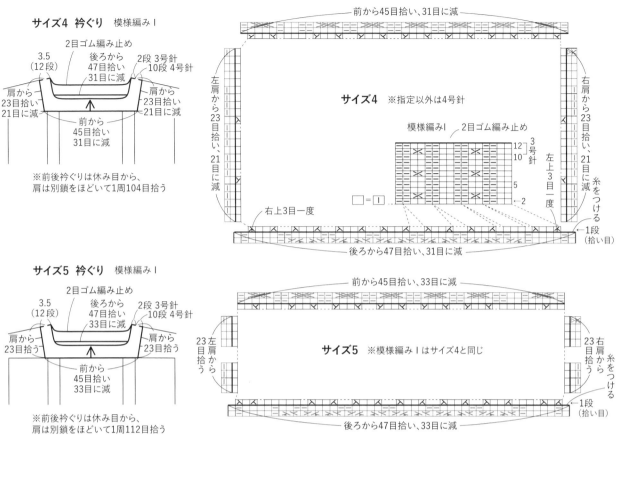

サイズ4 衿ぐり　模様編みⅠ

2目ゴム編み止め
3.5（12段）
後ろから47目拾い31目に減
2段 3号針
10段 4号針
肩から23目拾い21目に減
肩から23目拾い21目に減
前から45目拾い31目に減

※前後衿ぐりは休み目から、肩は別鎖をほどいて1周104目拾う

サイズ4　※指定以外は4号針
前から45目拾い、31目に減
左肩から23目拾い、21目に減
右肩から23目拾い、21目に減
糸をつける
左上3目一度
右上3目一度
模様編みⅠ
2目ゴム編み止め
3号針
12 10 5 2
□＝Ⅰ
後ろから47目拾い、31目に減
←1段（拾い目）

サイズ5 衿ぐり　模様編みⅠ

2目ゴム編み止め
3.5（12段）
後ろから47目拾い33目に減
2段 3号針
10段 4号針
肩から23目拾い
肩から23目拾い
前から45目拾い33目に減

※前後衿ぐりは休み目から、肩は別鎖をほどいて1周112目拾う

サイズ5　※模様編みⅠはサイズ4と同じ
前から45目拾い、33目に減
左肩から23目拾う
右肩から23目拾う
糸をつける
後ろから47目拾い、33目に減
←1段（拾い目）

裾の編み方

4＝サイズ4　**5**＝サイズ5
サイズ別の表示がない部分は共通

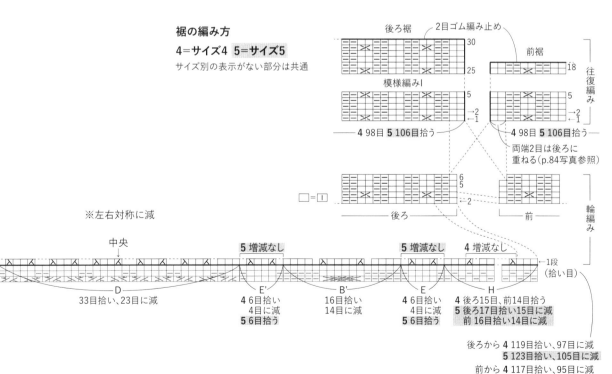

後ろ裾
2目ゴム編み止め
前裾
30 25
18
模様編みⅠ
5
5
→2 →1
4 98目 **5** 106目拾う
→2 →1
4 98目 **5** 106目拾う
両端2目は後ろに重ねる(p.84写真参照)
往復編み

□＝Ⅰ
後ろ
前
6 5 2
輪編み

※左右対称に減

中央
5 増減なし
5 増減なし
4 増減なし
←1段（拾い目）

D
33目拾い、23目に減

E'
4 6目拾い
4目に減
5 6目拾う

B'
16目拾い
14目に減

E
4 6目拾い
4目に減
5 6目拾う

H
4 後ろ15目、前14目拾う
5 後ろ17目拾い15目に減
前 16目拾い14目に減

後ろから **4** 119目拾い、97目に減
5 123目拾い、105目に減

前から **4** 117目拾い、95目に減
5 121目拾い、103目に減

HOLY´S 保里尚美
Naomi Hori

1972年、広島生れ。縫製師の母より、メリヤス編みを教わり、遊び道具として編み物を与えられる。楽譜浄書の仕事を経て、友人に送った手編みの手袋がショップ店主の目にとまり、1999年よりオリジナルニットの委託販売とオーダー製作を始める。現在、広島を拠点に、個展やオーダー会での受注製作の他、少人数制の編み物教室を行なう。著書に『働くセーター』（文化出版局）、『HOLY´S USAKUMA BOOK』（自費出版）がある。
https://holys-knitting.com/
instagram：kn.holys

ブックデザイン＿＿＿＿葉田いづみ
撮影＿＿＿＿＿＿＿＿＿吉森慎之介
＿＿＿＿＿＿＿＿＿安田如水
＿＿＿＿＿＿＿＿＿（p.26〜44、48、84／文化出版局）
ヘア＆メーク＿＿＿＿＿Miyuki Tamehisa
校閲＿＿＿＿＿＿＿＿＿向井雅子
編集＿＿＿＿＿＿＿＿＿小林奈緒子
＿＿＿＿＿＿＿＿＿三角紗綾子（文化出版局）

モデル
安仁屋隆宏　安仁屋塁　上杉裕加　岡田紗弥　梶川弥生
梶川ゆう子　小井土春花　駒木根圭子　駒木根敏博
shunshun　seisei　中本健太　西林亜子　山本昇平

［撮影場所］
AREA81 HANDMADE SHOES
広島市中区土橋町6-17-2F

［撮影協力］
AREA81 HANDMADE SHOES
（p.15 レースアップシューズ）
instagram：area81_handmade_shoes

tissroom.（p.17 ゴールドチェーンペンダント）
instagram：tissroom

［用具提供］
クロバー　https://clover.co.jp/
TEL. 06-6978-2277（お客様係）

［毛糸の入手先（Jamieson's Shetland Spindrift）］
SHAELA（シェーラ）
東京都調布市西つつじヶ丘4-6-3 シティ富沢ビル2F
https://shaela.jimdo.com/　TEL.＆FAX. 042-455-5185

2023年11月5日　第1刷発行

著　者　保里尚美
発行者　清木孝悦
発行所　学校法人文化学園 文化出版局
　　　　〒151-8524 東京都渋谷区代々木3-22-1
　　　　TEL. 03-3299-2487（編集）
　　　　TEL. 03-3299-2540（営業）
印刷・製本所　株式会社文化カラー印刷

一生ものアラン